改訂版！はてな？なぜかしら？
国際問題

3

改訂版！
はてな？　なぜかしら？
国際紛争

監修：池上彰

この本を読むみなさんへ

「人類の歴史は戦争の歴史だ」と言われることがあります。人間は、長い間、おたがいに戦い、殺し合ってきました。いくつもの国ができてはほろび、領土を広げたり失ったりするという歴史をくり返してきたのです。

20世紀に、人類は2度の大きな戦争を起こしました。たくさんの大切な命がうばわれ、住むところを失う人もたくさんいました。2度の戦争の後、人間どうしが命をうばい合う、戦争などというおろかなことはやめようと、平和を守るための組織がつくられました。

しかし、地球上から、戦争やそのほかの争いはいまだになくなっていません。こうしている今も、世界のどこかで、大切な命がうばわれる争いが起こっています。

なぜ人間は、おたがいに戦わなければならないのでしょう。

このシリーズでは、最近世界で起こった、または今も起こっている「国際問題」について考えていきます。世界にはどんな国際問題があるのか、その原因は何なのか、新聞やテレビなどのニュースだけではよくわからないことも多いでしょう。それらの問題について、できるだけわかりやすく説明しました。また、読んだあなた自身が考えられるようにもなっています。国際問題について学び、平和な世界を築いていくためにはどうしたらいいのかを考えてみてください。

この巻では、世界各地で起こっている「国際紛争」を取り上げています。今、世界ではどんな紛争が起こっているのか、また、その原因は何かを探ります。紛争の結果起こることについても考えます。続いて「戦争を放棄する」と書いてある憲法を持つ日本の安全と、国際社会の一員として果たさなければならない役割について考えていきます。最後に、世界の平和を守るために行われているさまざまな活動を取り上げます。平和とは何か、平和のために、私たちにもできることは何かを、いっしょに考えましょう。

監修　池上彰

1950年、長野県生まれ。大学卒業後、NHKに記者として入局する。社会部などで活躍し、事件、災害、消費者問題などを担当し、教育問題やエイズ問題のNHK特集にもたずさわる。1994年4月からは、「週刊こどもニュース」のおとうさん役兼編集長を務め、わかりやすい解説で人気となった。2012年から東京工業大学教授。
おもな著書に、『一気にわかる！池上彰の世界情勢2016』（毎日新聞出版）、『池上彰の世界の見方』（小学館）、『大世界史』（文藝春秋）、『池上彰の戦争を考える』（KADOKAWA）がある。

＊このシリーズは、2015年12月末現在の情報をもとにしています。

もくじ

第1章　世界の紛争について考えよう

1. 今、世界ではどのような紛争が起こっているの？ ……… 4
2. 国際紛争はどうして起こるの？ ……………………………… 8
3. 冷戦の時代には、どんな対立があったの？ ……………… 12
4. 冷戦の時代はどのように終わったの？ …………………… 16
5. 戦争や紛争で起こる悲劇はどんなものだろう？ ………… 20

第2章　日本の憲法について考えよう

1. 日本国憲法の戦争放棄って何だろう？ …………………… 24
2. 日本の安全は、どうやって守られるの？ ………………… 28
3. 自衛隊が海外へ行くのはどうして？ ……………………… 32

第3章　平和を守るための活動について考えよう

1. 国際連合は、どんな組織なの？ …………………………… 36
2. 国際連合による平和を守るための活動は？ ……………… 40
3. NPOやNGOって何だろう？ ……………………………… 44
4. 平和を守るための日本の活動は？ ………………………… 48
5. 平和を守るためにできることは？ ………………………… 52

第1章 世界の紛争について考えよう

こうしている今も、世界のどこかで紛争が起こっています。どのような紛争が、どのような理由から起こっているのでしょうか。

1 今、世界ではどのような紛争が起こっているの？

平和ってどんなこと？

みなさんは、家や学校にいる時、銃でうたれたり、爆弾が落ちてきたりして、命を失ってしまうかもしれないと思って暮らしていますか。出かける時に、生きて帰って来られるだろうかと考えることはありますか。また、今日は食べるものがあるだろうか、という心配をしているでしょうか。そんなことはないでしょう。

でも、世界には、そんな心配をしている人がたくさんいます。

平和について考えたことがありますか。平和とは、どんなことでしょう。平和の反対は何でしょう。戦争でしょうか。戦争が起こっていなければ平和なのでしょうか。そうとは言い切れない場合もあります。

よく、日本は、平和な国だと言われます。日本はなぜ平和なのでしょう。そして、平和でない国や地域があるのはなぜでしょう。多くの人が命を落とし、傷つく戦争や、そのほかの争いが起こっているのはなぜなのでしょうか。

どんな紛争があるの？

さまざまなもめごとや争いを、まとめて紛争と言います。国と国との間で起こる紛争は国際紛争と言われます。中でも、国と国が武力を使って全面的に戦う紛争を、戦争と言います。武力とは、軍隊や兵の力をさします。

人間は、昔から数々の戦争をしてきました。昔は、刀ややり、弓矢などで戦いましたが、火薬が発明されると、鉄砲などの新しい武器ができました。やがて、戦車や飛行機、潜水艦、そして、毒ガスや原子爆弾などが登場し、一度にたくさんの人々の命がうばわれるようになってしまいました。

戦争は、ある国がよその国に対して「戦争をするぞ」と言いわたして始まります。これを宣戦布告と言います。でも、宣戦布告をせずに、ある国がほかの国を攻撃することもあります。攻撃された国は、だまって攻められていませんから、戦いが起こります。宣戦布告がなくても、全面的な戦いになれば、戦争と呼ばれます。

紛争には、戦争のほかにもいろいろあります。国と国との争いでも、武力を使った戦いにまではならないものがあります。いざとなれば武力を使うぞとおどすものです。また、その国と貿易をしないなど、経済的に打撃をあたえる場合もあります。

さらに、同じ国の中で、ちがう民族や考え方のちがう人たちが戦うこともあります。

第1章 世界の紛争について考えよう

いろいろな紛争

もめごとや争いを、紛争と言います。昔から、いろいろな紛争が起こってきました。現在も、世界の各地で紛争が起こっています。

■戦争

国と国が武力を使って戦うことです。「私たちの国は、あなたの国に戦争をしかけます」とあらかじめ相手国に伝える「宣戦布告」をします。

■宣戦布告しない紛争

「宣戦布告」をせずに始められる紛争もあります。相手の国に、戦いの準備をする時間をあたえなければ、それだけ自分の国が有利になるからです。

■内戦

国と国の争いだけでなく、1つの国の中で、宗教のちがい、民族のちがいなどで、武器を使って争うこともあり、それは内戦と呼ばれます。

■独立をめざす戦い

過去の戦争などで、ほかの者に支配されていると感じている民族が、その支配を断ち切り、自分たちの国をつくろうとして戦うのが、独立をめざす戦いです。

世界で起こっている さまざまな紛争

世界では、たえず紛争が起こっていると言ってもよいほどです。中には、長年続いて、なかなか解決しない紛争もあります。近年起こった主な紛争を、世界地図の上で見てみましょう。

⑥パレスチナ紛争（1948年～）
ユダヤ人がイスラエルを建国したパレスチナの地で、そこに住んでいたアラブ人と対立。自爆テロやロケット砲などによる争いが続いている。

⑦ナイジェリアの紛争（2004年～）
イスラム過激派の「ボコ・ハラム」が、テロを起こしたり、住民を殺したりしている。

⑧イエメン内戦（2011年～）
「アラブの春」の影響で、サーレハ政権をたおしたが、その後内戦状態が続く。

①『イスラム国』の紛争（2013年～）
イラク、シリアに勢力を持つイスラム過激派組織の「イスラム国」が、勢力を広げる戦いをしている。外国人を人質にとることもある。

②シリア内戦（2011年～）
政府軍と反政府組織、後に「イスラム国」が加わり内戦が悪化。さらに、外国からの支援を受けて、争いが続く。

③リビアが無政府状態に（2011年～）
2011年に、「アラブの春」の影響を受けて、カダフィ政権がたおれる。その後、安定した政府ができず、無政府状態になっている。たくさんの難民が国外ににげ出している。

④スーダンの内戦（1956年～）
イギリスからの独立以来、民族と宗教のちがいから内戦をくり返していた。2011年に、南スーダンが独立するが、国境付近の油田をめぐって、争いが続いている。

⑤ソマリア内戦（1991年～）
独裁体制のバーレ政権を、統一ソマリア会議（USC）がたおしたが、国内の勢力の争いから内戦に。2012年、21年ぶりに統一政府が樹立され、安定化に向かう。

近年の主な紛争

シリアから、トルコににげる難民。

写真：AFP＝時事

⑨イラク戦争（2003年）
大量破壊兵器を持っている疑いがあると、アメリカとイギリスがイラクを攻撃。フセイン政権をたおしたが、米英駐留軍への攻撃が続いた。

⑩湾岸戦争（1991年）
クウェートに侵攻したイラクのフセイン政権の撤退を求め、国連で認められた多国籍軍がイラクに侵攻し、クウェートを解放。

⑪クルド人独立運動
トルコ、イラン、イラクなどに分かれて住んでいるクルド人が、各地で独立運動を展開している。

⑫ウクライナ危機（2014年〜）
ウクライナ東部で、ウクライナ政府軍と、親ロシア派が内戦を続ける。ロシアがクリミア半島を領土にしたことで、国際社会から反発を受けている。

⑬チェチェン独立運動（1994年〜）
ロシアからのチェチェン共和国の独立をめざす運動。戦争、テロ事件は今も続いている。多くの死傷者が出ている。

写真：AFP＝時事

ウクライナ内戦でこわされた建物。

⑯尖閣諸島領有紛争（1971年〜）
中国が、尖閣諸島の領有権を主張し、漁船などが、日本の領海に入ってくる事件も起こっている。日本は、領土問題はないとしている。

⑰チベット独立運動（1959年〜）
中国のチベット自治区の住民たちが、中国からの独立（または高度な自治）をめざして、運動を続けている。中国政府は軍隊などによりおさえつけている。

⑱中国・台湾の紛争（1949年〜）
社会主義の中国と資本主義の台湾が、それぞれ、中国を代表する国は自分であると主張している。近年は、台湾が独立への道を歩む動きもあるが、中国は断固として認めていない。

⑲南シナ海領有紛争（2012年〜）
南シナ海の南沙諸島と西沙諸島などの領有をめぐって、中国、台湾、フィリピン、ベトナム、ブルネイ、インドネシア、マレーシアが争っている。

⑳東ティモール独立運動（1975〜99年）
インドネシアが武力を使って自分のものにした東ティモールで、独立運動が激化。国連の協力もあり、独立し、2002年には国連に加盟した。

⑭アフガニスタン内戦（1979〜2002年）
ソ連（今のロシア）が軍隊を送り、内戦が始まる。「9・11テロ」の首謀者とされるオサマ・ビンラディンをかくまったとして、アメリカがタリバン政権をたおしたが、国内はまだ不安定。

⑮ニカラグア内戦（1979〜90年）
独裁者をたおしてできた政府と、アメリカが支援した右派ゲリラとの間で内戦になった。

第1章 世界の紛争について考えよう

今も世界のどこかで戦争が起こっているんだ。

2 国際紛争はどうして起こるの？

民族のちがいから起こる紛争

　紛争が起こる原因は、いろいろあります。

　1つは、**民族と民族の争い**です。**民族**というのは、ことばや宗教、文化、考え方が同じ人たちの集まりのことです。世界は、たくさんの民族に分けられます。日本人の多くは、大和民族です。朝鮮半島に住む人々の多くは、朝鮮民族です。中国は漢民族が大半をしめますが、ほかに50以上の民族が住んでいます。ヨーロッパには、ゲルマン系民族、ラテン系民族、スラブ系民族などがいます。1つの民族の人口は、さまざまです。比較的人口の少ない民族は**少数民族**と呼ばれます。

　1つの民族が1つの国をつくっているとは限りません。同じ民族が2つの国に分かれていたり、多くの民族が1つの国をつくっていたりすることもあります。また、たくさんの国に分かれて住んでいる民族もいます。

　民族がちがうと、文化や考え方などのちがいから対立が起こることがあります。となり合う国で民族がちがったり、同じ国の中にちがう民族が暮らしたりしているような場合、民族と民族との間で紛争が起こる場合があります。

　例えば、東ヨーロッパにあった旧ユーゴスラビアは、5つの民族が1つの国をつくっていましたが、民族の間で争いが起こり、現在は6つの国に分かれています。南アジアのスリランカでは、多数民族と少数民族との対立により、内戦が長く対立が続きました。

宗教のちがいから起こる紛争

　紛争の原因となるものとして、**宗教のちがい**も挙げられます。

　宗教とは、神様や仏様などを信じ、その教えとされる生き方や考え方を守ることで心の安らぎや幸せを求めることです。世界にはさまざまな宗教があり、人々は、それぞれが信じる宗教の教えを守ってくらしています。日本では、正月や祭りに神道の神社にお参りし、キリスト教のクリスマスをお祝いし、仏教で葬式をあげるように、いろいろな宗教を受け入れ、1つの宗教にこだわらない人が多いと言われます。しかし、世界では1つの宗教の教えに従っている人が大勢いて、時には、ちがう宗教を信じている人たちの間で対立が起こります。

　中東のイスラエルとアラブ諸国との対立は、ユダヤ教を信じる人々とイスラム教を信じる人々との間で起こっています。ヒンドゥー教徒の多いインドと、イスラム教徒の多いパキスタンの間でも長く紛争が続いています。

　同じ宗教でも教えにちがいがある場合、それぞれを**宗派**と呼びます。ちがう宗派の人の間で紛争が起こることもあります。

さまざまな民族

世界には、たくさんの民族がいます。同じ民族はまとまっていることが多く、別の民族との争いをかかえていることもあります。同じ民族が別の国をつくっていることや、いくつもの民族が1つの国をつくっていることもあります。

民族衣装を着ておどる朝鮮民族。
写真：qingqing / Shutterstock.com

放牧をするチベット民族の人。チベット民族は、独立した国を持っていない。
写真：Zzvet / Shutterstock.com

トルコ、イラクなどに分散してくらすクルド人。
写真：thomas koch / Shutterstock.com

ルワンダのフツ族の子どもたち。国内のツチ族との間に紛争がある。
写真：meunierd / Shutterstock.com

世界の主な宗教

世界にはたくさんの宗教があります。キリスト教、イスラム教、仏教は、世界三大宗教と呼ばれています。

キリスト教

ヨーロッパ、アメリカなどが中心。イエス・キリストの教えをもとに、神の愛とゆるしを説きます。

イスラム教

中東や東南アジアが中心。唯一の神アッラーから預言者ムハンマドへ示されたコーランの教えを信じます。

仏教

アジアが中心。この世は苦しみと迷いの世界であり、正しい行いによってそこからぬけ出すことをめざします。

教会で行われているキリスト教の儀式。
写真：bopra77 / Shutterstock.com

イスラム教を信じる人の祈り。
写真：Prometheus72 / Shutterstock.com

仏教の修行をする僧たち（タイ）。
写真：Wasu Watcharadachaphong / Shutterstock.com

第1章 世界の紛争について考えよう

第1章 世界の紛争について考えよう

2 国際紛争はどうして起こるの？

領土をめぐる紛争

ある国が、どこからどこまでかを示す範囲の土地を**領土**と言います。陸地はもちろん、陸地に近い海は、**領海**と言います。領土は、国が国であるための大切な要素の1つです。その国の人々が暮らし、農業や漁業をしたり、資源をほり出したりするのに、なくてはならないものだからです。

それほど大切なものなので、どの国も、自分の領土をほかの国にうばわれたり、占領されたりしないようにしています。

この領土をめぐって、国と国との争いになることもよくあります。インドとパキスタンの争いには、カシミール地方がどちらの国のものかという問題がからんでいます。ほかに、中国とインド、モロッコとアルジェリアなどの間でも領土をめぐる紛争や対立があります。

1982年には、南大西洋のフォークランド諸島をめぐって、アルゼンチンとイギリスの間で戦争が起こりました。また、1991年には、前の年に、となりのクウェートを自分の国の領土にしようとして攻めこんだイラクに対して、アメリカやイギリスなどがそれをやめさせるために戦った湾岸戦争が起こっています。

戦争にまでならなくても、領土をめぐる対立や争いはたくさんあります。日本が関係するものだけでも、ロシアとの北方領土問題、中国との尖閣諸島問題、韓国との竹島問題があります。

独立をめざす戦い

国と国の間の争いのほかに、ある国に住んでいる**少数民族**が、その国から独立して新しく自分たちの国をつくろうとして起こる紛争もあります。このような場合、もとの国が小さくなり、人口も減るわけですから、国としての力が小さくなってしまいます。このため、たいていの場合、多数民族側の政府は、少数民族の独立をやめさせようとします。そこで、紛争になります。

ロシアの中でのチェチェン独立をめぐる紛争や、セルビアにあるコソボ自治州の独立をめぐる紛争はこの例です。2002年に、インドネシアから東ティモールが独立しましたが、独立を実現するまでには、インドネシアとの間にたびたび紛争が起こりました。

複雑な問題がからみ合って

紛争が起こる主な原因を挙げましたが、ある紛争が起こる場合、たいてい、民族と宗教など、いくつかの原因が複雑に関係し合って起こります。表面上は、ある国からの独立運動であっても、その背景に民族問題や宗教問題がひそんでいることもあります。

1980年代の終わりまで、世界が、アメリカとソ連（現在のロシア）という2つの超大国を中心にして対立していたころは、それを反映した紛争もありました。同じ民族どうしが戦うことになった朝鮮戦争やベトナム戦争はその例です。また、ソ連が、自分の仲間の東ヨーロッパの国が国のしくみを変えようとした時に、軍隊を送って紛争になったこともありました。

現在は、こうした紛争はなくなっています。

領土をめぐる紛争

国の範囲である領土についての紛争です。
どこまでが、その国の領土であるかをめぐって、意見が合わず、紛争になることがあります。

独立をめざす戦い

同じ国の中で、数が多い民族と数が少ない民族がいる場合、数が少ない民族が独立をめざして紛争になることがあります。

日本が関係する領土問題

領土をめぐる問題は、日本と周りの国との間にもあります。

まず、ロシアとの間に北方領土をめぐる問題があります。第二次世界大戦が終わった時、当時のソ連軍が、千島列島などを占領しました。日本は、このうち択捉島などの4島をもともと日本の領土だと主張して、ソ連とそれを引きついだロシアと交渉を重ねてきました。しかし、今も解決していません。

また、日本と中国や台湾との間には、尖閣諸島をめぐる問題があります。尖閣諸島は、沖縄県の八重山諸島の北北西にある無人島で、日本、中国、台湾がともに自分の領土だと主張しています。

さらに、日本と韓国との間には、おたがいが自分の国の領土だと言っている竹島（韓国名は独島）の問題があります。

ともにすぐには解決しそうにない問題です。

3 冷戦の時代には、どんな対立があったの？

2つに分かれたドイツ

1945年に終わった第二次世界大戦では、アメリカ、イギリス、フランス、ソ連、中国(当時は中華民国)は連合国として協力し、ドイツ、日本、イタリアなどの枢軸国と呼ばれる国と戦い、戦争を勝利に導きました。連合国は、戦後、世界の平和を守るための国際連合という機関をつくり、その中心となりました。

しかし、間もなく、アメリカ、イギリス、フランスのグループと、ソ連が対立するようになります。対立の主な原因は、国の経済のしくみのちがいです。アメリカ、イギリス、フランスは、資本主義の国、ソ連は社会主義の国です(2巻8～11ページ)。共通の敵がいなくなると、対立するようになったのです。

戦争に敗れたドイツは、東側をソ連、西側をアメリカ、イギリス、フランスに占領されました。また、首都ベルリンも同じように、2つのグループに分かれて占領されました。ベルリンは、国全体の中では東側(ソ連の占領地域)にあったため、西ベルリンは東側という海にうかぶ島のようでした。1948年、ソ連は、西ベルリンへの道路や水路をふさぎ、西ベルリンに人もものも出入りできないようにしました。アメリカなどは、飛行機によって西ベルリンに物資を運び、ソ連に対抗しました。これをきっかけに、ドイツは、東西それぞれの国に分かれて独立することになります。同じ民族が、2つの国に分かれる悲劇が長く続きました。

冷戦の時代をむかえる

2つのグループは、おたがいに自分の勢力がおよぶ範囲を広げようとしました。アメリカを中心とするグループには、イギリス、フランス、イタリアなどの西ヨーロッパの国々のほか日本などが入っていたので、西側と呼ばれました。ソ連を中心とするグループには、ポーランド、ハンガリー、ルーマニア、ユーゴスラビアなどの東ヨーロッパの国々が入っていたので、東側と呼ばれました。1949年に、中国に社会主義の中華人民共和国ができると、東側のグループに入りました。

第二次世界大戦の終わりごろ、アメリカは、強力でおそろしい武器である原子爆弾(原爆)を開発しました。その後、ソ連、イギリス、フランス、中国も開発に成功しました。さらに、水素爆弾(水爆)という兵器も開発されました。原爆や水爆をまとめて核兵器と呼び、世界は、核兵器を持った国々が対立することになったのです。東西の対立は、現実の戦争にはなりませんでした。ひとつまちがえれば、人類がほろびてしまうおそれがあったからです。そのため、この対立は、冷戦(＝冷たい戦争)と呼ばれました。

世界の西と東の対立

第二次世界大戦が終わってしばらくすると、アメリカやイギリス、フランスと、ソ連が対立するようになりました。日本は、アメリカのグループに加わりました。

社会主義の国には自由がないぞ！

資本主義の国では労働者が幸せになれないぞ！

こえられない壁

第二次世界大戦で負けたドイツは、アメリカ・イギリス・フランスが占領する西側と、ソ連が占領する東側で、別の国になってしまいました。

首都ベルリンも、2つに分かれ、東西の間には、壁が築かれました。この壁は「ベルリンの壁」と呼ばれ、一般の市民は、東西の間を自由に行き来することができなくなりました。

「ベルリンの壁」が積み上げられるようす。
写真：AFP＝時事

壁の向こうに行けない！

親せきなのに、会えないなんて…。

第1章 世界の紛争について考えよう

13

第1章 世界の紛争について考えよう

3 冷戦の時代には、どんな対立があったの？

東西の代理戦争が起こる

直接の戦争はありませんでしたが、世界の各地で起こった戦争や紛争では、いっぽうをアメリカが支援すれば、その相手をソ連が支援するということが起こりました。アメリカとソ連の代理として戦っているようなものです。

1950年、朝鮮半島では、南北それぞれに誕生した大韓民国（韓国）と朝鮮民主主義人民共和国（北朝鮮）との間で、朝鮮戦争が起こりました。この戦争では、南側の韓国をアメリカが、北側の北朝鮮をソ連と中国が助けました。1960年代からのベトナム戦争では、ベトナムが北と南に分かれて対立しました。社会主義の北ベトナムをソ連や中国が支援し、南ベトナムにできていたアメリカ寄りの政権に反対する勢力を、アメリカが攻撃しました。どちらも西側と東側の対立が反映された戦争でした。

これより前の1949年には、西側の12か国が、北大西洋条約機構（NATO）を結成し、武力による攻撃に対して、共同で防衛することになりました。ソ連など東側が攻撃してくることに備えたものでした。これに対し、ソ連と東ヨーロッパの7か国とで、1955年に東ヨーロッパ相互援助条約（ワルシャワ条約機構）を結びました。

その後、ソ連の指導者が交代したことにより、東西の緊張がやわらぐこともありましたが、冷戦の構造は変わりませんでした。

戦争寸前になったキューバ危機

1959年、カリブ海の島国、キューバで、カ
ストロが指導する革命軍が政府をたおすキューバ革命が起こりました。キューバは、アメリカのフロリダ半島の南にある島国です。革命軍によってたおされた政権は、アメリカと親しかったため、アメリカは、革命軍をたおそうとキューバ人の武装グループを送りますが、失敗に終わりました。

これをきっかけに、キューバは社会主義を宣言し、ソ連に近づきます。資本主義国のグループの中心であるアメリカのすぐそばに、社会主義国ができてしまったのです。

キューバは、その後もアメリカに攻撃されるおそれがあることから、ソ連に助けを求めました。ソ連は、核兵器を積んだミサイルの基地をキューバに建設することにしました。1962年のことです。

アメリカは、キューバに核ミサイルがあることを知りました。これではいつアメリカが攻撃されるかもわかりません。アメリカは、ソ連に対し、核ミサイルをなくすように要求しました。そして、ソ連の船をキューバに入れないようにしました。アメリカとソ連の対立は、最高に高まり、全面的な核戦争が始まるおそれが出てきました。核兵器を使った戦争になれば、これまでの戦争をはるかに上回る被害が出るでしょう。世界は、ことのなりゆきを見守りました。アメリカとソ連の間の交渉の結果、ぎりぎりのところでソ連が核ミサイルを引き上げることになり、戦争の危機はまぬがれました。この一連の動きを、キューバ危機と言います。

各地の東西代理戦争

冷戦が激しくなると、世界の各地で、東側につく国と西側につく国とで戦争が起こりました。時には、世界の多くの国々を巻きこむ戦争に発展するおそれがありました。

■朝鮮戦争

1950年に、朝鮮半島で起こりました。北の朝鮮民主主義人民共和国（北朝鮮）を、ソ連や中華人民共和国（中国）が助け、南の大韓民国（韓国）を、アメリカなどが助けました。

激しい戦争の末に、休戦の約束が結ばれましたが、現在も解決していません。

■ベトナム戦争

1960年代から、北ベトナムと南ベトナムが対立していました。

アメリカは南ベトナムを助け、ソ連や中国が支援する北を攻撃しました。しかし、多くの費用がかかることなどから、1973年に、アメリカ軍はベトナムから引き上げました。

その後、北ベトナムが全土を統一し、社会主義国ができました。

■キューバ危機

1959年に、アメリカに近いキューバで、革命が起こりました。アメリカが、革命政権をたおそうとしたため、革命政権はソ連に近づきました。

ソ連は、キューバにミサイル基地を建設したため、アメリカとの間で戦争が起こるおそれがありました。

結局、ソ連がミサイルを引き上げ、ぎりぎりのところで、戦争はさけられました。

4 冷戦の時代はどのように終わったの？

変わるソ連の状況

キューバ危機によって、アメリカとソ連、それぞれのグループの国々は、おたがいにほろびるかもしれないという恐怖を味わいました。この危機をなんとか乗りこえたアメリカとソ連は、それぞれが平和に生き残る道をめざすようになりました。

1960年代には、ソ連と中国の間で、同じ社会主義国の間でも考え方にちがいがあったり、国境をめぐる争いが起こったりして、対立が起こるようになりました。そのいっぽうで、1970年代に、アメリカは中華人民共和国を中国を代表する政府であると認めて、国交を結びました。日本も同じように、中国と国交を結び、仲よくつき合っていくことにしました。また、アメリカとソ連の間で、おたがいに軍備を減らす（軍縮）話し合いも行われていましたが、じゅうぶんには進みませんでした。

ソ連では、1970年代から経済がのびなやみ、農業生産もじゅうぶんではありませんでした。また、コンピュータなどの産業の分野でも、アメリカや西ヨーロッパ、日本などに大きくおくれ、国内に明るい見通しがなくなっていました。そのような中、1979年には、アフガニスタンに軍を送り、世界各国から非難を浴びました。冷戦の時代に変化のきざしが現れたのです。

東西ドイツが統一

1985年、ソ連では、**ゴルバチョフ**が指導者になりました。ゴルバチョフは、いきづまったソ連の社会を立て直すために、**グラスノスチ**（情報公開という意味）による言論の自由を打ち出しました。さらに、**ペレストロイカ**（立て直しという意味）をかかげて、ソ連の政治のしくみや社会の構造を大きく変えていく方針をとりました。ゴルバチョフは、軍縮を進めること、冷戦を終わらせることを目標に、アメリカ大統領との協力を進めました。

それまでには考えられなかったような方向に世界が動いていくことになりました。

ソ連の改革にしたがって、東ヨーロッパの国々でも、社会主義に不満を持つ国民の運動が広がりました。

1989年10月、東ドイツでは、西側へ脱出を希望する人々が急激に増えて混乱が高まり、東ドイツの指導者が辞任しました。11月には、ベルリンを東西に分けていた「ベルリンの壁」がこわされ、東西ベルリンの行き来が自由にできるようになりました。「ベルリンの壁」は、冷戦を象徴するようなものでしたから、この壁がなくなったことは、冷戦の終わりを印象づけるできごとでした。翌1990年、西ドイツが東ドイツを吸収する形で、ドイツが統一されました。

ソ連の変化

1985年にソ連の指導者になったゴルバチョフは、国を立て直すとともに、アメリカと協力して、冷戦を終わらせようとしました。

これにより、世界は、冷戦の終わりに向かって、大きく変化していくことになりました。

アメリカのレーガン大統領(右)と話し合いをするソ連のゴルバチョフ書記長(左)。　写真：AFP＝時事

ソ連は、経済の状態がよくないなあ。

グラスノスチ
情報公開する。

ペレストロイカ
政治のしくみや社会の構造を変える。

目標
軍縮を進める。
冷戦を終わらせる。
そのために、アメリカと協力する。

ドイツの統一

長い間、2つの国に分かれていたドイツですが、1989年になって、社会主義の東ドイツで、混乱が大きくなりました。

ベルリンを2つに分けていた「ベルリンの壁」がこわされ、世界の人々に、冷戦の終わりが近いことを感じさせました。

ベルリンの壁がなくなったことを喜ぶベルリンの人々。　写真：AFP＝時事

第1章　世界の紛争について考えよう

第1章 世界の紛争について考えよう

4 冷戦の時代はどのように終わったの？

ソ連がなくなり、冷戦が終わる

東ヨーロッパでの自由化の流れは、ハンガリー、ポーランド、ブルガリア、チェコスロバキアにもおし寄せ、これらの国々では戦いをすることなく、民主主義の国に変わりました。

ソ連そのものも、大きく変わります。1989年には、長く軍をとどまらせていたアフガニスタンから軍を引き上げます。1990年には、大統領制を取り入れ、ゴルバチョフが大統領になりました。

1991年8月に、改革に反対する勢力が、ゴルバチョフ大統領に対してクーデタを起こしますが失敗に終わります。すると、ソビエト連邦に入っていたウクライナやアゼルバイジャンなどの国が連邦からはなれました。また、ソ連全体を結びつける役割をしていたソ連共産党が解散しました。11月には、ついにソ連が解体され、ロシアを中心に11の国が独立国家共同体（CIS）をつくりました。また、この年には、東側の国々を結びつけていたワルシャワ条約機構もなくなりました。

資本主義国のグループと社会主義国のグループが対立する冷戦の時代に、ついに幕がおろされたのです。

冷戦後の世界

冷戦が終わり、国と国との対立がなくなると、核兵器をたくさん持っていることは、あまり意味のないことになります。

そこで、おたがいに持っている核兵器を減ら

していこうとする動きが出てきました。これを核軍縮と言います。

1991年には、アメリカとソ連の間で第1次戦略兵器削減条約（START I）が、1993年には、アメリカとロシアの間で第2次戦略兵器削減条約（START II）が結ばれ、核兵器を大はばに減らすことが決まりました。

1996年には、国連で、あらゆる核実験を禁止する包括的核実験禁止条約（CTBT）が結ばれました。この条約が正式に認められるには、原子炉などを持ち、核兵器を開発する能力があるとされる44か国の署名が必要ですが、アメリカや中国が最終的な合意手続きをしていません。それらの国に対しては、合意手続きを進めるように、署名国が話し合いの機会をつくるなどのはたらきかけをしています。

このように、核兵器をふくめた軍備を減らす動きがありますが、そのいっぽうでは、新しく核兵器を持とうとする動きがあります。アメリカ、ロシア、イギリス、フランス、中国の5大国に加えて、インド、パキスタン、北朝鮮は核兵器を持っていると言っています。イスラエルも持っているとされています。イランは、核兵器の開発を中断することになりましたが、世界の安全が高まっているとは言いがたい状況です。

また、冷戦の時代が終わり、東西の対立による戦争や紛争はなくなりましたが、民族や宗教のちがいによる紛争が起こるようになっています。国と国との争いではなく、過激な組織がテロなどの方法で、国に攻撃をしかける紛争も起こるようになっています。

ソ連がなくなる

ソ連は、1922年に、革命でできた世界初の社会主義国でした。

15の共和国の集まりでしたが、1991年に、ソ連はなくなり、11の国の集まりである独立国家共同体をつくることになりました。

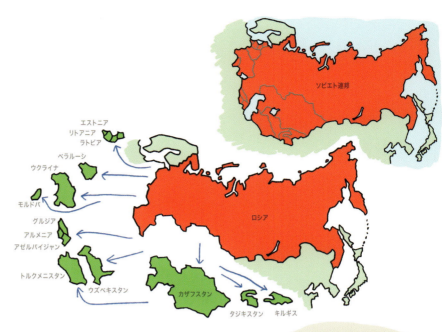

世界の核兵器は…

大きな破壊力を持つ核兵器は、核拡散防止条約で、アメリカ、ソ連（現在はロシア）、イギリス、フランス、中国の5か国だけが持てることになっています。

しかし、この条約に反対して、核兵器を開発している国もあります。

また、こっそり核兵器を開発している国もあります。

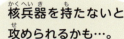

第1章　世界の紛争について考えよう

核兵器を開発していたイラン

原子力発電に使われるウランは、使い方によっては、核兵器にも利用することができます。イランは、原子力発電を開発すると言いながら、核兵器を開発しているのではないかという疑いが持たれていました。イランはそれを否定していましたが、実際には、開発を進めていたため、アメリカなどは、イランを経済的に苦しめる対応を取りました。

2015年、イランが核兵器を開発しないようにする話し合いがまとまり、イランは開発を中断しました。

19

5 戦争や紛争で起こる悲劇はどんなものだろう？

紛争で、命や財産が失われる

戦争や紛争が起こると、たくさんの人の命がうばわれます。戦争や紛争では、おたがいに、軍隊や、武器を持った若者たちを使って、相手の力を弱め、降参させようとします。人の命をうばったり、建物をこわしたりすることが目的となるのです。当然、兵士たちの命がたくさんうばわれることになります。また、命がうばわれなくても、一生治らないほどの大きなけがをすることもあります。こうした被害は、一般の人にもおよびます。戦争で、一般の人を巻きこむことは、国際的な取り決めで禁止されていますが、この取り決めは、守られないこともあります。兵士でなくても命を落としたり、家や財産をなくしたりする人々が大勢出てきます。

うばわれた命はもとにもどることはありません。本人はもちろん、家族や友人の命をうばわれた人の悲しみはどんなに深いことか、想像がつくでしょう。

にげ出した人が難民になる

戦争や紛争で、住むところや財産を失った人はどうなるでしょう。戦争や紛争が短い期間で終われば、またそこに家を建てて暮らすこともできますが、いつまでも長引けば、どこかよその土地ににげださなければなりません。国内の別の土地ににげることもあれば、周辺の国ににげることもあります。

戦争などのために、住んでいた土地をはなれて別の場所ににげだす人々を難民と呼びます。時には、たくさんの人々が周辺の国々に難民となってにげこむこともあります。難民がにげこんだ国では、難民を受け入れることもありますが、あまりにもたくさんの人々が急に入りこむと、混乱が起こることもあるため、難民の受け入れを断ったり、数を限ったりすることもあります。すると、家族がばらばらになったり、新しい紛争が起こったりすることもあります。

ほかの国ににげこんだ難民は、世界に約2000万人いると言われますが、同じ国の中での避難民をふくめると、約6000万人の人々が苦しんでいます。

不自由で不便な難民の暮らし

命からがらにげ出した難民たちは、住むところや食べるものがじゅうぶんでない生活をしなければなりません。難民たちが住む簡単なつくりの建物が集まった地域は、ずっと住み続けるわけではないという意味で難民キャンプと呼ばれます。水道や電気、ガスなどもじゅうぶんになく、今日食べるものがあるかどうかもわからない、心細い生活です。病気になっても病院や薬がたりず、感染症が広まることもあるのです。

難民の発生

戦争や内戦などのために、住み慣れた土地をはなれなければならなくなった人々が難民です。移動する時に、戦いに巻きこまれたり、事故などで命を落とす人も少なくありません。

●紛争で命や財産をなくす

●紛争で難民が発生する

シリアでは、国内で続く内戦のために、国をはなれ、となりの国や遠いヨーロッパの国までのがれる難民が多く発生している。

写真：AFP＝時事

第1章 世界の紛争について考えよう

5 戦争や紛争で起こる悲劇は
どんなものだろう？

文化財や自然がこわされる

戦争や紛争では、多くの建物や財産がこわされます。その中には、人類の長い歴史を今に伝えてくれる大切な文化財もふくまれます。1970年代のカンボジアの内戦では、仏教寺院遺跡であるアンコール・ワットに銃弾がうちこまれることもありました。また、2003年のイラク戦争では、バグダッド市内の国立博物館などがおそわれ、数千年前のメソポタミア文明の美術品など、数々の貴重な文化財がうばわれたり、こわされたりしました。

イラクやシリアで戦いを続けている「イスラム国」による戦いでも、貴重な遺跡がこわされるなどの被害が起こっています。

こわされるのは、人間がつくったものだけではありません。自然も破壊されます。1960年代から70年代にかけてのベトナム戦争では、枯れ葉剤（無理やり木を枯らしてしまう薬）がまかれ、多くの森林が消えてしまいました。1991年の湾岸戦争では、原油が海にもれ、広い地域が汚染されました。自然が破壊されれば、そこにくらす動物や植物も被害を受けます。一度失われた自然をもとにもどすのはとても大変なことです。

世界に、環境を守る動きが高まっていますが、戦争や紛争の時には、そんなことはおかまいなしになってしまうことが多いのです。

戦争や紛争の後に起こる被害

こうした戦争や紛争が終わってからも、その被害は続きます。

戦いに巻きこまれて一生残るけがをした人は、ずっと不自由な暮らしをしなければなりません。

また、戦争や紛争でこわされた建物や道路、鉄道などをもとにもどすには、たくさんの費用と労働が必要です。その国にとっては大変なことです。

それはばかりではありません。戦争や紛争で使われた爆弾が、爆発しないまま残っていることがあります。これを不発弾と言います。不発弾にさわってしまい、運悪く爆発して命を落としたり、手足をなくしてしまったりすることもあります。また、たくさんうめられた地雷がそのままになっていて、それをふんでしまった人が亡くなったり、手足を失ったりすることもあります。

また、戦争に兵士として行ってきた人が、心に痛手を負ってしまうこともあります。ストレスをかかえ、もとの社会にもどれなくなったり、つらい経験を忘れるために、お酒にたよるようになったりすることがあります。

このように、一度戦争や紛争が起こると、多くの人がさまざまな被害を受けることになります。それは、戦争や紛争を起こす原因となった人だけでなく、巻きこまれた人、何の関係もない人にもおよびます。さらに、文化財や自然さえもこわしてしまいます。

被害を受けた人は、戦争や紛争が終わったからと言って、被害を忘れることはできません。人々の心から争いの記憶が消えることは、永久にないのです。

戦争や紛争で失われるもの

戦争や紛争は、人の命や財産、家などをうばいますが、そのほかにも多くのものをうばいます。貴重な自然や、長い間受けつがれてきた文化財などがこわされることもあります。

■人々の命や健康

紛争の時にうめられた地雷をふんだ人が、亡くなったり、手足を失ったりすることがある。紛争は、戦いの最中だけでなく、戦いが終わってからも悲劇が続く。

■建物や道路、鉄道など

軍に関係する建物や工場などはねらわれやすく、こわされることもある。また、道路や鉄道、橋など、人やものを運ぶための交通に関係する建築物もこわされることがある。再びもとの建物などを建てるには、たくさんの人手と費用がかかる。

■自然

動植物がくらす大切な自然が、爆弾などのために破壊されてしまうことがある。すむ場所を失った動物や植物たちの命が失われ、環境がこわされる。

■文化財

何千年もの間伝えられてきた人類の宝が、一瞬で失われることもある。2003年のイラク戦争では、バグダッドの博物館の文化財がたくさん破壊された。

バグダッドの博物館で、破壊された古代の像。ぬすまれた文化財も多い。

写真：AFP＝時事

第1章のまとめ

さまざまな原因から、現在も世界の各地で紛争が起こっています。国と国との領土をめぐる対立、国内で起こる対立、独立をめざす運動などが、紛争の主な原因です。

紛争が起こると、たくさんの人々が犠牲になります。命を落としたり、けがをしたりするほか、家などの財産を失うこともあります。

紛争のために、住んでいた土地に住めなくなり、難民として、よその土地にのがれていく人も発生します。難民たちは、財産もほとんど持たずにのがれ、途中で命を落とすこともあります。ようやくたどりついた土地での暮らしも、楽なものではありません。

紛争によって、多くの人の命、豊かな自然、貴重な文化財などが失われることもあります。

第1章 世界の紛争について考えよう

第2章 日本の憲法について考えよう

私たちの国、日本は、世界が平和であることを強く望み、二度と戦争をしないことをちかいました。それを決めているのは、日本国憲法です。

1 日本国憲法の戦争放棄って何だろう？

戦争への反省がもとになった憲法

憲法というのは、国のあり方の基本を定めた、最高の決まりです。

日本には、明治時代に定められた**大日本帝国憲法**がありましたが、第二次世界大戦の後に**日本国憲法**という新しい憲法が定められました。

大日本帝国憲法では、日本は天皇が治めるとされていました。国民は臣民（天皇に支配される人）と呼ばれ、その権利は法律の範囲内で認めると定められていました。しかし、日本国憲法では、国民が国の政治を動かす主権者とされます。国民が選挙を通じて平等に政治に参加する民主主義のしくみが整えられたのです。

日本国憲法の大きな特ちょうの1つは、**平和主義**です。戦争をしないこと、世界がいつまでも平和であるために努力することをちかっています。過去に日本が引き起こした大きな戦争への反省をもとに、この憲法は生まれました。

戦争の放棄と恒久平和への努力

江戸時代の約200年間、日本は、外国とほとんど交流しない鎖国をしていました。その間に、イギリスやフランスなどのヨーロッパの国々は、アフリカやアジアに進出して、各地を**植民地**として支配していました。19世紀後半に鎖国をやめた日本は、ヨーロッパの国々に追いつこうと、国のしくみを近代化するとともに、産業をおこし、強い軍隊を持つことをめざしました。

そして、19世紀の終わりから20世紀前半にかけて、朝鮮半島や中国東北部（満州地方）などを侵略し、朝鮮半島を植民地にしました。その後、中国と戦争をして多くの命をうばい、都市をこわしました。1941年からアメリカやイギリスなどと戦った太平洋戦争では、インドネシアなど、東南アジアにも攻めこみ、資源をうばったり、その土地の人々を働かせたりして、アジア各地の人に多くの迷惑をかけました。

この戦争では日本も空襲の被害を受け、たくさんの人が亡くなったり、家や財産を失ったりしました。1945年8月には、広島と長崎に原子爆弾が落とされ、一瞬のうちに何十万人もの人々が亡くなりました。日本は、アメリカやイギリスなどに降伏し、長い戦争は終わりました。

戦争による大きな被害の中から再び立ち上がろうとした時、日本は、戦争によってアジア各地の人々に大きな迷惑をかけたことを反省しました。そして、平和な国づくりを進めるために、新しい憲法をつくったのです。

●日本国憲法前文

日本国民は、正当に選挙された国会における代表者を通じて行動し、われらとわれらの子孫のために、諸国民との協和による成果と、わが国全土にわたって自由のもたらす恵沢を確保し、政府の行為によって再び戦争の惨禍が起ることのないようにすることを決意し、……（中略）……日本国民は、恒久の平和を念願し、人間相互の関係を支配する崇高な理想を深く自覚するのであって、平和を愛する諸国民の公正と信義に信頼して、われらの安全と生存を保持しようと決意した。われらは、平和を維持し、専制と隷従、圧迫と偏狭を地上から永遠に除去しようと努めている国際社会において、名誉ある地位を占めたいと思う。われらは、全世界の国民が、ひとしく恐怖と欠乏から免かれ、平和のうちに生存する権利を有することを確認する。……（中略）……日本国民は、国家の名誉にかけ、全力をあげてこの崇高な理想と目的を達成することを誓う。

「正当に選挙された国会における代表者を通じて行動し」…主権が国民にあり、選挙で選ばれた議員によって国会で政治が行われることを示しています。
「政府の行為によって再び戦争の惨禍が起ることのないようにすることを決意し」…戦争を放棄することを示しています。
「平和を愛する諸国民の公正と信義に信頼して、われらの安全と生存を保持しようと決意した。」…よその国とは、武力にうったえるのではなく、協調して歩んでいくことを示しています。

戦争をしないことや平和を求めることは、ここに書いてあるよ。

●日本国憲法第9条

1 日本国民は、正義と秩序を基調とする国際平和を誠実に希求し、国権の発動たる戦争と、武力による威嚇又は武力の行使は、国際紛争を解決する手段としては、永久にこれを放棄する。
2 前項の目的を達するため、陸海空軍その他の戦力は、これを保持しない。国の交戦権は、これを認めない。

＊原文は旧かなづかいです。

第2章 日本の憲法について考えよう

1 日本国憲法の 戦争放棄って何だろう？

憲法による平和主義

日本国憲法では、平和を守り戦争を防ぐ考え方を前文で、そしてそのための具体的な方法を第9条で、それぞれ示しています。

憲法の前文には、**「平和を愛する諸国民の公正と信義に信頼して」**と書かれています。これは、世界のさまざまな国といっしょになって**平和への努力**をしていこうという意味です。戦前、日本は、自分の国の利益を求めるあまり、朝鮮半島や中国を侵略し、ほかの国からそれをとがめられると、世界の多くの国々が参加していた国際連盟から脱退してしまうなど、ほかの国々とともに平和を守ろうとする努力をしませんでした。そのために、大きな戦争を引き起こしてしまったのです。その反省から、日本国憲法では、世界の国々と手をたずさえて歩んでいこうという姿勢を示しています。

第9条には、**「国権の発動たる戦争と、武力による威嚇又は武力の行使は、国際紛争を解決する手段としては、永久にこれを放棄する」**と書かれています。これは、ほかの国との間でもめごとが起こったとき、武力で相手の国をおどしたり、戦争にうったえたりすることは永久にしないという意味です。つまり、ほかの国とのもめごとは、話し合いで解決していこうというものです。

戦力を持たず、交戦権を認めない

第9条の第2項には、**「陸海空軍その他の戦力**は、これを保持しない。国の交戦権は、これを認めない」**と書かれています。戦争を永久に放棄しているのだから、戦争に必要な戦力（軍隊や武器）は持たず、国が戦争を起こす権利も認めないとするものです。

憲法に戦争を放棄することが書かれている国は、イタリアやハンガリーなど、いくつもありますが、日本のように、自衛以外の軍隊を持たないとまで書かれている国は、中央アメリカのコスタリカとパナマなど、わずかです。その意味で、日本国憲法は、世界にほこれる憲法だと言えるでしょう。

非核三原則って何？

日本と世界の平和を守っていくために、日本は、日本国憲法で戦争を放棄すると定めたほか、原子爆弾などの核兵器を「持たず、つくらず、持ちこませず」という**非核三原則**を貫いてきました。

核兵器は、原子爆弾（原爆）や水素爆弾（水爆）などのことで、一瞬にして多くの人の命をうばうおそろしい武器です。こうした武器がなくならない限り、世界が本当の意味で平和になったとは言えないでしょう。太平洋戦争末期に広島と長崎に原爆を落とされた日本は、核爆弾による被害を受けたただ1つの国として、世界から核爆弾がなくなり、本当の平和を得られることをめざしています。そのために、1960年代から非核三原則を、国の方針として明確にしてきました。日本のこのような姿勢も、世界にほこってよいことでしょう。

26

日本国憲法第9条の意味

日本国憲法第9条は、平和を守り戦争を防ぐ方法を示しています。ほかの国との争いを、武力ではなく、話し合いで解決することが、はっきりと書かれています。

戦争の放棄
（戦争はしない）

戦力を持たない
（戦争をするための武器、軍隊は持たない）

交戦権を持たない
（戦争を起こす権利を持たない）

自衛隊は、日本が攻撃された時に、日本を守るための組織です。

第2章 日本の憲法について考えよう

唯一の被爆国、日本

　第二次世界大戦の終わりごろ、アメリカは、これまでにない破壊力を持った新型爆弾を、世界で初めて開発しました。たった1発で、町をふき飛ばしてしまうほどの力を持ったその爆弾は、原子爆弾（原爆）と呼ばれました。
　1945年8月、アメリカは、敵国である日本の広島に、続いて長崎に原爆を落としました。2つの町のどちらも、一瞬でほのおに包まれ、広島では14〜20万人、長崎では7〜12万人が亡くなりました。
　戦争で原爆が使われたのは、この時だけです。日本は、世界でただ1つの被爆国（原爆の被害を受けた国）として、二度とこのような悲劇をくり返さないよう、世界にうったえています。

広島の原爆ドームは、原爆のおそろしさを物語っている。

写真：PIXTA

2 日本の安全は、どうやって守られるの？

国を守るためにはどうするの？

日本は、憲法で、**戦争を永久に放棄し、戦争のための軍隊も持たない**と定めています。では、外国が日本を攻撃してくるような場合や、海外で日本国民がとらわれたり、命をうばわれそうになったりした時は、どうするのでしょうか。

世界では、長い間さまざまな戦争や紛争が起こってきました。また、戦争や紛争がない時でも、国と国との間でいろいろな約束をしなければなりません。そのような時の国と国との間での取り決めを**国際法**と言います。国際法では、ほかの国に攻めこんだりする戦争はいけないこととされますが、自分の国を守るために戦うことは、当然の権利と考えられています。

日本の場合、戦争を永久に放棄すると定めている憲法第9条には、**「国際紛争を解決する手段としては」**と書かれています。これは、国と国のもめごとを解決するための戦争はいけないが、自分の国を守るためならよいという意味なのだと言う人もいます。また、いっさいの**戦力（軍隊）**は持てないと考える人もいます。

自衛隊は「戦力」ではないの？

日本には、自衛隊があります。自衛隊はほかの国が攻撃してきた時に備え、国を守るため、つまり、自衛のために設けられています。

1950年に、朝鮮半島で**朝鮮戦争**が起こったとき、当時、日本を占領していた連合国軍総司令部の命令で、**警察予備隊**がつくられました。朝鮮戦争の影響が日本におよぶおそれがあったためです。その後、警察予備隊は**保安隊**、さらに1954年には**自衛隊**と名前が変わりました。現在は、陸上自衛隊、海上自衛隊、航空自衛隊の各部隊があり、それぞれ武器を持って、国を守る任務についています。

自衛隊は、国を守るためだけとはいえ、武器を持った組織で、その力は世界でも上位に当たります。このため、自衛隊は、憲法で禁止されている**「戦力」**に当たるのではないかという意見があります。いっぽうで、自衛隊は、国際法でも認められている国を守るための必要最小限の自衛力なので、憲法違反ではないという意見もあります。それぞれの立場での議論は、長い間続いています。

自衛隊の役割は？

自衛隊の最も大きな役割は、日本をほかの国の攻撃から守ることです。その指揮には、総理大臣と防衛大臣が当たります。近年は、海外での平和を守るための活動にも派遣されています。また、台風や地震などの大きな災害の時、都道府県知事にたのまれて救助や復旧のための作業に出動することもあります。

第2章 日本の憲法について考えよう

自衛隊ができるまで

1950年　◆警察予備隊
朝鮮半島で朝鮮戦争が起こった時、当時、日本を占領していた連合国軍の命令でつくられた。陸上だけの組織だった。

1952年　◆保安隊
警察予備隊を、保安隊と名前を変え、海上部門を加えた。

1954年　◆自衛隊
自衛隊法がつくられ、保安隊に航空の組織が加わって、陸上、海上、航空の3つの組織になった。

写真：毎日新聞社/時事通信フォト
1950年にできたころの警察予備隊。

現在の自衛隊は、「自衛隊法」という法律で定められた組織で、武力を持っています。ただし、武器を使うのは、日本が外国から攻撃を受けた時か、国内の安全を守る時だけに限られています。また、武力を持たずに、海外での平和を守る活動や、国内の災害の救助や復旧のための仕事も行っています。

出典：陸上自衛隊HPより引用
災害救助活動をする自衛隊。

自衛隊は、憲法に違反しているのではないかという意見もあります。また、憲法には違反していないという意見もあります。

自衛隊は憲法違反？

自衛隊は憲法で禁止されている「戦力」に当たるのではないか？

自衛のための軍隊は、国際法でも認められている存在よ。

憲法違反だと思う。

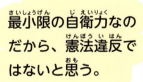

最小限の自衛力なのだから、憲法違反ではないと思う。

国を守るためには必要な存在だと思う。

第2章 日本の憲法について考えよう
2 日本の安全は、どうやって守られるの？

日米安全保障条約とは？

第二次世界大戦で、日本はアメリカなどの連合国に降伏し、戦後は連合国に占領されました。それまであった軍隊はなくなり、新しい憲法では、「戦力」は持たないと定めました。

1951年のサンフランシスコ講和条約によって、日本の占領下時代は終わり、再び独立しました。そのころ朝鮮戦争が続いていたこともあって、アメリカ軍がそのまま日本に残ることになりました。これを決めたのが、日米安全保障条約（日米安保条約）です。

この条約では、日本が再び軍備を持たない代わりに、アメリカ軍が日本にとどまり、日本が攻撃された時はアメリカ軍が守り、国内で反乱などが起こった時は、アメリカ軍がそれをおさえこむことを約束していました。

1960年に安保条約は改定され、日本がほかの国に攻撃された時は、アメリカと日本が共同して防衛に当たることになりました。この時は、日本が再び戦争に巻きこまれる心配があるとして、国内で大きな反対運動が起こりましたが、結局、この改定は行われました。

集団的自衛権とは？

2015年、国会で安全保障関連法が可決され、成立しました。この法律は、集団的自衛権が認められるかどうかで、大きな議論を呼びました。

ある国が、自分の国を攻撃された時に防衛することは、個別的自衛権と言って、当然の権利と考えられています。いっぽう、ある国と関係の深い国が攻撃された時、その国に味方していっしょに戦う権利を、集団的自衛権と言います。日本の場合、関係が深いアメリカが攻撃された場合は、アメリカを助けて戦うことになります。ただし、これは、アメリカ軍が攻撃されることによって、日本の安全がおびやかされる場合に限ります。また、これまで自衛隊は、日本の周辺にだけアメリカ軍を助けに出動できるとされていましたが、今後は、国会が認めれば、世界のどこへでも、どの国の軍でも支援しに行けるようになります。

憲法も変えるべき？

これまで、日本政府は、集団的自衛権は憲法で認められていないという立場をとっていましたが、今回の法改正では、集団的自衛権は憲法に違反していないという立場に変わりました。

憲法に書かれていることは変わっていないのに、その読み取り方（解釈）を変えて、集団的自衛権は憲法違反ではないと言うようになりました。このやり方をめぐっては、さまざまな議論が起こりました。

「集団的自衛権は、憲法で認められていないので、法改正は認められない」、「解釈の変更はおかしい。集団的自衛権を認めたいのなら、憲法を改正するべきだ」などの意見がありました。政府のやり方に反対する立場からはこのような声が上がり、反対のデモも起こりました。

法改正をアメリカは歓迎しましたが、「日本は戦争ができる国になった」と見られるようになったという指摘もあります。

日米安全保障条約のしくみ

日本は、アメリカとの間に、安全保障条約を結んでいます。アメリカが日本に軍を置き、日本がほかの国に攻撃された時は、アメリカが日本を守ることになっています。

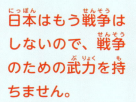

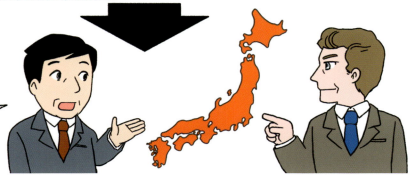

集団的自衛権とは

ある国が、ほかの国に攻められた時に、自分の国を守ることができる権利を、自衛権と言います。自衛権には、個別的自衛権と集団的自衛権があると考えられます。

■個別的自衛権

それぞれの国が、ほかの国からの攻撃に対して、自国を守るために戦う権利。攻撃されるままにしていては国がほろびてしまうので、当然ある権利だと考えられます。

■集団的自衛権

自分の国と仲のよい国が攻撃された時、その国とともに戦う権利。ほかの国が攻められると、自分の国も危なくなる時がある場合に使えると考えられます。

第2章 日本の憲法について考えよう

3 自衛隊が海外へ行くのはどうして？

国際社会での日本の役割

2003年、**イラク戦争**の後で、自衛隊をイラクへ派遣するかどうかをめぐって、日本国内で、大きな議論になりました。

日本を守るためにあるはずの自衛隊が海外へ派遣されるのは、どうしてなのでしょうか。

現代の世界は、貿易や人の交流などの面で、国と国とのつながりが深く、自分の国だけで成り立っていくことはできません。そのため、国際社会の中で、おたがいにそれぞれの役割を果たさなければならないと考えられています。

世界の平和を守っていくのもその1つです。ある国がほかの国から攻撃された時、自分の国とは関係ないからといって見過ごすことは許されないのです。そうでないと、国際社会から相手にされなくなってしまうおそれもあります。

経済的な力では世界の第3位である日本にも、世界の平和を守るような役割を果たすことが求められています。ところが、日本には、戦争を放棄し、戦力を持たないとする憲法があります。そのため、戦争や紛争が起こっている地域に自衛隊を送り、戦いに参加させることは憲法に違反することになります。

国際社会で日本が何をすべきか、何ができるのかは、憲法との関係も考えながら議論していかなければならない問題です。

自衛隊の海外派遣

1991年にイラクがクウェートに攻めこむ**湾岸戦争**が起こった時、アメリカを始めとした各国の軍隊が、クウェートを助けるために現地に向かい、イラクとの戦争に参加しました。日本は、戦争に参加できないため、戦争にかかる費用を負担しました。また、戦争が終わった後に、ペルシャ湾で機雷（海にしかけられた爆弾）を取り除く作業のために、海外での任務として初めて自衛隊を派遣しました。その後、2001〜2007年と2008〜2010年にはインド洋でアメリカ軍の支援、2003〜2008年にはイラクの復興のために自衛隊が派遣されました。

イラク戦争の後には、自衛隊を派遣すべきかどうかの議論が起こりました。イラク復興のために協力すべきだという意見の一方で、憲法違反とする意見もありました。戦争が終わったもののテロなどの続くイラクに自衛隊を派遣することは、戦争に参加しているのと同じだという意見や、万一、命を落とす隊員が出たらだれがどう責任をとるのかという意見もありました。最終的にイラクへの自衛隊派遣を決めた小泉首相は、国民に対し、イラク復興に役立つことは、憲法の前文に書いてある国際協調の精神に合うもので、自衛隊の派遣は、イラクや日本、そして世界のためであると説明しました。

国際社会での日本の役割

日本も国際社会の一員である以上、世界の平和を守るための活動をしなければならないと考えられます。日本は、さまざまな面で、世界の役に立とうとしています。

お金
- 国際組織の資金を提供する。
- 直接、援助が必要な国へ、貸したり、あげたりする。

援助が必要な国へ。

技術
- 技術を持った人を、必要とする国に派遣する。
- 技術が必要な国から、人をまねいて、技術を教える。

国際緊急援助活動
災害の救助や復旧のために、活動する人を送る。

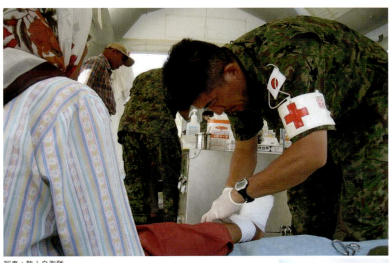

大地震の被害にあったスマトラ島で、救援活動を行う日本の自衛隊。

写真：陸上自衛隊

アフリカの南スーダンで、国連平和維持活動（PKO）として活動する自衛隊の人々。

出典：陸上自衛隊HPより引用

自衛隊は、海外で、このような活動をしているよ。

第2章 日本の憲法について考えよう

3 自衛隊が海外へ行くのはどうして？

自衛隊の海外派遣の問題は？

イラクに派遣された自衛隊は、現地できれいな水を使えるようにすること、病院などで医師の手助けをすること、学校や道路を元通りにすることなどの活動を行いました。また、現地の人々との交流を深め、日本に親しみを持ってもらおうとする努力もされました。

こうした活動によって、自衛隊の活動は、おおむねイラクの人々に感謝される結果になりました。しかし、活動期間中に、自衛隊の宿舎にロケット弾がうちこまれるという事件もありました。

イラクへ自衛隊を派遣したことは、第二次世界大戦後に、日本国憲法をつくり、その中で戦争放棄をうたった日本の立場からは、一歩ふみ出したものでした。

PKO、難民救済、災害援助

このほかにも、自衛隊は、いろいろな形で海外に出かけています。

1つは、国際連合（国連）の平和維持活動（PKO）に協力するものです。紛争が起こっている地域や紛争が終わって間もない地域に行き、平和を守る活動をします。

日本は、1992年に国際平和協力法（PKO法）を定め、自衛隊が、PKOのために海外へ行けるようになりました。その年のカンボジアへの派遣を始めとして、ゴラン高原（シリア）、東ティモール、南スーダンなどに派遣されて任務を果たしています。

また、戦争や紛争によって出る難民を助けるために派遣されることもあります。これまでに、ルワンダ、東ティモール、イラクに行き、難民のための物資を運ぶなどの活動をしました。

大地震などの災害が起こった時に、その援助に行くこともあります。1999年にトルコ北西部でマグニチュード7.6の地震が発生した時は、物資を輸送するための船を派遣し、現地での被災者の救助や支援に当たりました。2004年にスマトラ沖地震とそれに続く津波で、タイやインドネシアに大きな被害があった時は、行方不明者を探したり、被害にあった人を助けたりする活動をしました。2010年のハイチ地震では、物資の輸送や、現地での医療活動を行いました。

このほかに、こう水の被害を受けたパキスタンや、台風に見まわれたフィリピンの救援のために、自衛隊が派遣されています。

海外派遣に対する国民の意識

このように、自衛隊が、海外での活動を重ね、成果を上げるうち、国内の意見も好意的なものに変わりつつあります。

1991年の湾岸戦争で、イラクがクウェートに攻め入った直後は、自衛隊の海外派遣に賛成が13％、反対が53％でした。しかし、2012年の調査では、自衛隊の国際平和活動を、「大いに評価する」と「ある程度評価する」を合わせると、90％近くになります。国民の意識もじょじょに変わってきているようです。

自衛隊の海外派遣について

日本の自衛隊が、海外で活動することについては、いろいろな意見があります。初めて自衛隊が海外に送られたころは反対の意見が多かったのですが、実績が増えるにつれ、賛成の意見が大半となりました。

■自衛隊がこれまでにした海外活動

難民を助ける

戦争が終わったか監視する

災害救助

戦争が終わったとは言え、まだテロなどの続くイラクへ自衛隊を派遣するのは、戦争に参加しているのと同じことじゃないか？

憲法違反じゃないか？

万一、命を落とす隊員が出たら、だれがどう責任をとるんだ？

自衛隊をイラクに派遣することは、イラクや日本、そして世界のためなんです！

第2章のまとめ

日本は、明治時代以降、ヨーロッパやアメリカの進んだ国に追いつこうと、朝鮮半島を植民地にし、さらに中国との戦争を始めました。太平洋戦争では、アジアの国々に攻め入り、さまざまな迷惑をかけました。

戦争に敗れた日本は、それまでにしたことを反省し、二度と戦争をしないと決めた憲法をつくりました。

いっぽうで、日本がほかの国に攻めこまれるような場合に備えて、自衛隊がつくられ、アメリカとの間で日米安全保障条約が結ばれています。

近年、自衛隊が海外へ送られ、海外で活動することが多くなっています。これは、日本が、国際社会の一員としてはたさなければならない役割の1つだと考えられます。自衛隊を海外に送ることについては、国民の理解を得られるようになってきています。

第3章 平和を守るための活動について考えよう

国際連合は、世界の国々が集まって、平和を守るための活動をしている組織です。国際連合は、さまざまな活動をしています。

1 国際連合は、どんな組織なの？

平和を守るための国際組織

人類は、長い歴史の中でたびたび戦争をくり返してきました。20世紀に入ると、たくさんの国々を巻きこむ、それまでよりも大規模な戦争が起こりました。**第一次世界大戦**です。その反省から、平和を守るための**国際連盟**という組織をつくりました。ところが、国際連盟には、発足時に大国のアメリカやソ連(今のロシア)が参加していない点や、平和を乱した国に対して武力が使えない点などの不備があったため、第一次世界大戦からわずか20年ほどで、**第二次世界大戦**が起こってしまいました。この戦争では、**原子爆弾**という、一瞬で多くの人々を殺すおそろしい武器も登場しました。もしも、次に、原子爆弾のような兵器を使った戦争が起こると、人類がほろびてしまうおそれも出てきたのです。

そこで、1945年10月に、アメリカやソ連、イギリス、フランスなど、第二次世界大戦に勝った大国を中心に、より力の強い、平和を守るための組織をつくりました。これが**国際連合(国連)**です。国連ができた時に加盟していたのは、51か国でしたが、現在は世界のほとんどの国が加盟しています。第二次世界大戦に敗れた日本は、スタート当時の国連には加盟できませんでしたが、1956年に加盟しています。世界の平和と安全を守り、世界各国がよりよい関係を築くための中心的存在となる国際組織、それが国際連合なのです。

国際連合の組織

国際連合の本部は、アメリカのニューヨークにあります。

国際連合には、**総会、安全保障理事会、事務局、国際司法裁判所、信託統治理事会、経済社会理事会**という6つの主要機関と、**国連教育科学文化機関(ユネスコ)**や**国際労働機関、国際通貨基金**などの専門機関とがあります。ほかに総会によって設立された**国連児童基金(ユニセフ)**などの機関もあります。中心となるのは総会ですが、さまざまな機関が協力し合って活動しています。

国連は、各国がお金と人とを出し合って運営しています。その割合は、国の規模や経済力に応じて変わります。日本は、世界第3位の経済大国なので、近年は、国連に出すお金の多さでは、世界の2位となっています。しかし、それほどには、国連で働く人を出していません。国連では、英語、フランス語、スペイン語、ロシア語、アラビア語、中国語が公用語です。

第3章 平和を守るための活動について考えよう

アメリカのニューヨークにある、国連のビル。
写真：PIXTA

国連の総会。
写真：AFP＝時事

●国際連合の組織

総会
全加盟国で構成される最高機関

事務局
事務総長と国連職員で構成。

信託統治理事会

国際司法裁判所
国どうしの争いを裁く。

安全保障理事会
平和維持活動（PKO）
世界の平和と安全を守るための機関。

国際原子力機関

経済社会理事会
社会、文化、教育、経済などの国際協力を進める。

主な専門機関
- 国際労働機関（ILO）
- 国連食糧農業機関（FAO）
- 国連教育科学文化機関（UNESCO）
- 世界保健機関（WHO）
- 国際復興開発銀行（＝世界銀行、IBRD）
- 国際開発協会（IDA）
- 国際通貨基金（IMF）
- 万国郵便連合（UPU）
- 国際電気通信連合（ITU）
- 世界気象機関（WMO）
- 国連工業開発機関（UNIDO）

ほか

総会によって設置された機関
- 国連貿易開発会議（UNCTAD）
- 国連児童基金（UNICEF）
- 国連難民高等弁務官事務所（UNHCR）
- 国連開発計画（UNDP）
- 国連環境計画（UNEP）
- 国連人口基金（UNFPA）
- 国連大学（UNU）

ほか

第3章 平和を守るための活動について考えよう

1 国際連合は、どんな組織なの？

総会と議決のしくみ

各加盟国の代表が参加する国際連合の最高機関は**総会**です。世界の平和と安全に関することを始め、新しく加盟したいという国を認めるかどうかなど、あらゆることを議論した上で決める力を持っています。

総会では、1つの国が1票の投票をして、多数決によって議決します（重要な問題については3分の2以上の賛成で議決）。

しかし、総会には欠点もあります。それは、国連総会で決定されたことには、強制力がないということです。問題に関係する国が、国連の決定に違反しても、何もできないのです。

総会には、毎年1回、9月に集まる**通常総会**のほか、**安全保障理事会**か、加盟国の過半数の要請などによって開かれる**特別総会**、それに、安全保障理事会が活動できなくなった時、安全保障理事会9か国または加盟国の過半数の要請などがあった時に24時間以内に開かれる**緊急特別総会**の3種類があります。

総会が任命する事務局の**総長**は、国連をまとめる役割をするほか、加盟国の紛争の解決に向けたはたらきかけをするなど、「国連の顔」として活躍します。

安全保障理事会と議決のしくみ

安全保障理事会は、世界の平和と安全を守るための仕事をする国連の中心機関です。ある国がほかの国から攻撃されたり、地域紛争が発生したりした場合に、国際社会を代表して紛争の解決に当たることを目的としています。

安全保障理事会は、5つの**常任理事国**と10の**非常任理事国**によって構成されています。常任理事国は、アメリカ、ロシア、イギリス、フランス、中国の5大国で、変わることはありません。非常任理事国は、10か国が総会で選ばれ、2年間務めます。毎年、半分の5か国が新しく選び直されます。

安全保障理事会では、常任理事国の考えが一致することを原則としています。そのため、どれか1か国でも反対したら議決できないと定められています。これを、**拒否権**と言います。

安全保障理事会では、平和と安全保障の問題しか話し合いません。また、ここでの決定を、加盟国は必ず承認し、実施しなくてはいけません。

そうしないと、経済制裁（ほかの国が商品を売り買いしてくれなくなる）などの罰則を覚悟しなくてはいけないのです。

国連の平和維持の限界

国連の安全保障理事会によって、平和維持のための議決がされますが、これには限界もあります。2003年のイラク問題では、安全保障理事会の意見が一致せず、アメリカとイギリスが安全保障理事会の議決なしにイラクを攻撃しました。国連の加盟国自らが、戦争にふみ切ってしまったのです。こうしたことから、国連は本当に世界平和を維持できるのだろうかという疑問が出てきています。

安全保障理事会のしくみ

国連の安全保障理事会は、世界の平和と安全を守るために、中心となって仕事をする機関です。国と国の間で起こる戦争や、国内で起こる紛争などの解決に当たります。

何かを決めるためには、9か国以上の賛成が必要。

しかし、常任理事国の1か国でも反対すると（**拒否権**）、賛成が多くても決められない。

■総会の種類

| 通常総会（年1回） | 特別総会（必要とされる時） | 緊急特別総会 |

何かを決める時は多数決だが、重要事項は、加盟国の3分の2以上の賛成が必要。

国連加盟国は、総会で決められたことを守る義務はありません。多くの国の考えをまとめるのは大切なことですが、それぞれの国の事情や考え方も大切にしなければならないからです。
ただ、加盟国は、安全保障理事会が決めたことには、したがわなければなりません。世界の平和に関することだからです。

国連の限界

2003年のイラク戦争の前は、安全保障理事会の意見がまとまらず、常任理事国でもあるアメリカとイギリスがイラク攻撃を始めてしまいました。
これでは、国連も、安全保障理事会も存在する意味がなくなってしまいます。平和を守るためにつくられた国連ですが、本当に世界平和を守れるのか、という疑問も出てきています。

第3章 平和を守るための活動について考えよう

2 国際連合による平和を守るための活動は？

平和維持活動って何？

国連は、紛争が起こっている地域や、紛争が終わって間もない地域に平和維持軍を送りこみ、平和を維持する活動を行っています。これを**平和維持活動(PKO)**と言います。PKOとは、Peace＝平和 Keeping＝維持 Operations＝活動という意味です。

ある国が攻撃された時は、国連軍を送ることができますが、現実には、安全保障理事会の常任理事国が対立して難しいため、平和維持活動が行われています。平和維持活動は、国連安全保障理事会の決議に基づいて行われ、国連加盟国が自主的に軍隊などを派遣します。

PKOには、2つの任務があります。それはきちんと停戦状態が保たれているかを監視することと、その平和を維持することです。停戦が守られているかどうか監視し、もし違反しているという疑いがあれば調べるのが**停戦監視団**です。停戦監視団は武器を持ちません。そして、各国から派遣された軍隊で構成される**平和維持軍(PKF)**は、自衛のための武器を持って停戦のための検問やパトロールなどに当たります。

停戦を監視する活動

平和維持活動は、世界のさまざまな地域で行われてきましたが、最近では、より積極的に平和を守るための活動が行われています。

例えば、停戦が保たれているかを監視するだけでなく、その後の正当な選挙の実施や、政府の仕事が公平に行われているかなども監視しています。これらは、民間人など軍ではない人々によって構成されます。また、近い将来、紛争が起こるおそれのある地域に部隊を送り、紛争の予防もするようになりました。1995～99年に東ヨーロッパのマケドニアに送られた国連予防展開隊(UNPREDEP)がこれに当たります。

増えている平和維持活動

国連の平和維持活動は、1948年、中東で、パレスチナ休戦を監視するための「国連休戦監視機構(UNTSO)」が発足したのが初めてでした。その後、多数の平和維持活動が展開されてきました。

平和維持活動は、1980年代後半から急に増えています。それまではアメリカとソ連が国連の中でにらみ合っていて、国連がじゅうぶんに活動できなかったのですが、ソ連がなくなったことで、対立がなくなり、国連の役割が高まってきたのです。

平和維持活動は、紛争などで被害を受けた人々を助ける人道支援、大地震などの災害で被災した地域の復興支援がありますが、両方が関係する複合型の活動へと変わってきています。

平和維持活動のしくみ

国連は、紛争を解決するために、平和維持活動（PKO）を行っています。そのために、平和維持軍が送られることがあります。

紛争が終わる（停戦） → 国連安全保障理事会で軍を派遣するかどうか決める。 → 国連加盟国が必要な軍を派遣。パトロール、検問など停戦状態の監視。公正な選挙が行われているかの監視。政府の仕事が公正に行われているかの監視。難民が国に帰るのを助ける。紛争を予防する。

実際には、完全に停戦が決まっていないうちに派遣されたり、自衛以外の武力を使わないという原則があるため、成功をおさめていることは少なく、何の成果も上げられなかったこともある。

主な平和維持活動

国連の平和維持活動には、紛争がおさまった地域での監視と、その平和を保つことがあります。

■停戦監視団
武器を持たないで、停戦が守られているかどうか監視し、もし違反しているという疑いがあれば、調べる。

■平和維持軍
各国から派遣された軍隊からなり、自衛のための武器を持って停戦のための検問やパトロールなどに当たる。

南スーダンに派遣された韓国の兵士たち。

写真：EPA＝時事

第3章 平和を守るための活動について考えよう

第3章 平和を守るための活動について考えよう

2 国際連合による平和を守るための活動は？

国連難民高等弁務官事務所

そのほかに、国連による平和を守る活動として挙げられるのが、難民を保護したり、助けたりすることです。

紛争や戦争の影響で、命や自由がうばわれる危険があるために、住んでいたところからにげなければならなくなった難民は、世界で約6000万人もいると言われています（2014年末）。

国連では、**国連難民高等弁務官事務所（UNHCR）** という機関がこうした難民を保護したり、生活を助けたりしています。

UNHCRは、1950年に設立された機関で、本部はスイスのジュネーブにあります。

各地の難民に対して、食料や水、避難所などを提供します。また難民や、保護を希望する人々に対し、その基本的人権を保障し、もともと住んでいた地域へ帰ることや、新しい土地で定住できるような手助けをしています。

難民の数は、紛争が始まることをきっかけとして急激に増えることがあります。こんな時は、難民がにげこんだ国だけでは解決できない問題となります。

UNHCRでは、難民が発生したらその対策を行うというだけでなく、難民が発生しそうな地域に対して、その前に対策をとることもあります。それでも難民が発生した時は、なるべく早くもとの地域に帰したり、難民が発生した地域で解決するようにしたりして、難民が広がらないようにしています。

UNHCRの活動のための費用は先進国が出しています。難民問題は先進国にとっても重要な問題なので、これらの国々は、積極的に費用を出すようになっています。

しかし、難民問題を解決するためには、戦争や紛争が起こらないようにすることや、経済的に貧しい地域をなくしていくなどの根本的な方法をとる必要があるため、なかなか簡単にはいかないのが実情です。

難民救済に活やくした緒方貞子さん

UNHCRで活やくした日本人としてよく知られているのが、**緒方貞子**さんです。緒方さんは、1976年に、女性として日本で最初の国連日本政府代表部公使、1978年には特命全権公使に選ばれ、4年間にわたってその任務を務めました。その後、大学教授を経て、1991～2000年の10年間、国連難民高等弁務官として活やくしました。

その間、しばしば難民キャンプを訪れ、難民にとって、本当の支援とは何かを考え、女性の観点からも適切な援助をしてきました。

緒方さんは、UNHCRでの任期が終わった後も、2001年11月のアフガニスタン支援政府特別代表に任命され、2002年1月に東京で行われたアフガニスタン復興支援国際会議では共同議長を務めました。また、2003年には、国連有識者ハイレベル委員会委員、人間の安全保障諮問委員会議長につくなど、国際平和のために努力し続けました。

難民のために働いた緒方貞子さん

緒方貞子さんは、国連の難民高等弁務官事務所という機関で、難民を助けるために活やくしました。

難民の暮らしのようすを見て、難民のために必要な援助は何かを考え、最も適切な援助が行われるように働きかけました。

難民高等弁務官事務所での任務が終わってからも、さまざまな活動によって世界平和につくしました。

国際会議で演説する緒方貞子さん。

写真：時事

●主な平和維持活動

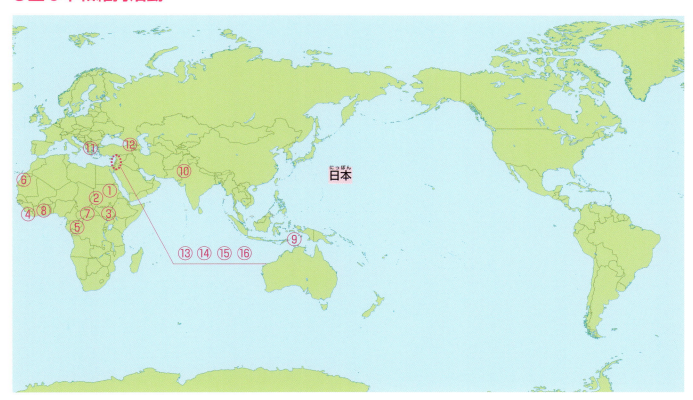

①国連スーダン派遣団（UNMIS）
②アフリカ連合ダルフール派遣団（AMIS）
③国連南スーダン派遣団（UNMISS）
④国連リベリア・ミッション（UNMIL）
⑤国連コンゴ民主共和国ミッション（MONUC）
⑥西サハラ住民投票ミッション（MINURSO）
⑦国連中央アフリカ・チャド・ミッション（MINURCAT）
⑧国連コートジボワール活動（UNOCI）
⑨国連東ティモール統合ミッション（UNMIT）
⑩インド・パキスタン国連軍事監視団（UNMOGIP）
⑪国連コソボ暫定統治ミッション（UNMIK）
⑫国連ジョージア監視団（UNOMIG）
⑬国連キプロス平和維持軍（UNFICYP）
⑭国連レバノン暫定駐留軍（UNIFIL）
⑮国連兵力引きはなし監視軍（UNDOF）
⑯国連休戦監視機構（UNTSO）

第3章 平和を守るための活動について考えよう

3 NPOやNGOって何だろう？

NPOと、主な活動

NPOという言葉を、見たり聞いたりしたことがあるかもしれません。NPOは英語のNon Profit Organizationのことで、日本語では、**非営利（利益を目的としない）組織**となります。

NPOは、社会的に大切な、さまざまな活動をしています。保健・医療・福祉、社会教育、まちづくりなどを始め、環境、災害救援、地域安全、人権・平和、国際協力などがあります。

このうち、平和を守るための活動にも、ボランティアによる募金活動などを通じて、紛争からの復興をめざす地域にお金や文房具などの物資を送ったり、講演会やコンサートなどで平和を呼びかけたりと、さまざまな活動があります。

どのような活動をどのように行うかは、その団体によってちがいますが、その団体だけでできることには限りがあります。地域の人々といっしょになって、小さな力を集めていくことで大きな成果を上げようと努力している団体がほとんどです。

みなさんも、家の近くに、平和を守るために活動しているNPOがないかどうか調べてみてください。もしあれば、どんな活動をしているかを聞いてみるのもよいでしょう。そして、家族や学校の友だちなどと協力してできることを考えてみましょう。

NGOと、主な活動

NGOは、英語のNon Governmental Organizationで、日本語では**非政府組織**と呼ばれます。国や政府とは別に、主に国際的な活動を行う組織です。

国際的な活動は国として行われることがありますが、国が行う場合、国ごとの事情や、国と国との関係や国の利益にしばられることもあります。NGOは、こうした事情に関係なく、自由に活動できることが特ちょうです。

NGOのうち、国連に登録されたものを国連NGOと言います。国連は、国でない民間団体と協力することを決めているのです。NGOの活動内容は、人権を守ること、環境保護、福祉・医療活動、発展途上国の子どもへの教育、災害にあった地域の手助けなど、さまざまです。

平和を守る活動をするNGOが集まってつくられた「地雷禁止国際キャンペーン（ICBL）」は、地球上から地雷をなくし、地雷の被害を受ける人をなくすために、地雷をつくることや輸出することなどを防ぐ活動をしています。各国の政府にも呼びかけ、1997年には、対人地雷禁止条約が結ばれるという成果を生みました。日本も自衛隊が持っていた地雷を全部なくしました。この活動が評価され、ICBLはノーベル平和賞を受賞しました。

NPOのしくみ

NPO（非営利組織）は、社会に必要な、さまざまな活動をしています。その中には、平和を守るための活動をしている団体もあります。

こんなサービスがあればいいな。

こういうことしている会社があればいいのに。

でも、お金がもうからないから、会社にはならないなあ。

NPO団体にしよう！

NPO団体

ボランティアスタッフ
（給料はもらわない場合が多い）

私も！　ぼくも手伝う！

■ NPOの活動
寄付や、必要なお金を集め、社会に役立つ活動に使う事業をする。

NGOの特ちょう

NGO（非政府組織）は、国や政府とはちがう立場から、国際的な活動などを行っています。国や政府が行う活動に比べ、自由な立場での活動ができます。

日本国内で活動しているNPOが、海外でも活動する時は、NGOと呼ばれることが多いんだ。

国際的な活動を、国が行う場合

国ごとの事情や、国と国との関係にしばられることもある。

国際的な活動を、NGOが行う場合

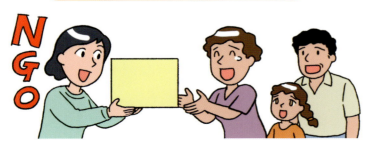

国ごとの事情にしばられることなく、比較的自由に活動できる。

■ NGOの主な活動

人権を守る
環境保護
福祉・医療活動
発展途上国の子どもへの教育
災害にあった地域への手助け
など。

第3章　平和を守るための活動について考えよう

45

NGOのさまざまな活動

日本には3000〜5000のNGOがあると言われています。環境や平和など、地球規模で考えていかなければならない問題を解決するために、さまざまな活動をしています。

◆WWFジャパン

WWF（世界自然保護基金）は、1961年に設立された国際的な環境保全団体です。絶滅しそうな野生生物の保護や、森林・海洋の保全、地球温暖化防止などによって、人と自然が調和して生きられる未来を築く活動を、100か国以上で行っています。

◆特定非営利活動法人APEX
（Asian People's Exchange）

インドネシアを中心に活動している団体。きれいな環境を守るために、現地のNGOと協力して、排水を処理する技術の開発・普及や、大気中の二酸化炭素を増やさず利用できるバイオマスエネルギーの開発などに取り組んでいます。

◆公益社団法人アムネスティ・インターナショナル日本

世界200か国で800万人以上が参加する人権団体です。はだの色がちがうから、宗教がちがうから、よその国から来たから、女性だからと差別や暴力に苦しむ人、政府とちがう意見を言っただけで捕まった人、紛争で自分の国に住めなくなった人などの命や自由を守るために、政府や社会、世論を動かす活動をしています。そのために、現場で取材などを行い、人権に関するニュースを日々伝えています。

◆日本自然保護協会

沖縄のジュゴンや干潟の保護活動のほか、日本国内で、保護しないとなくなってしまうかもしれない自然環境を守る努力を続けています。さらに尾瀬などで、守った自然を、保全・復元させる活動も行っています。

◆特定非営利活動法人ジェン（JEN）

アフガニスタン、イラク、ヨルダン（シリア難民）、スリランカなど世界各地で、戦争や自然災害の犠牲となった人たちへ、救援物資を配ったり、戦争でこわされた学校を修復したり、自分の持っている仕事の経験を生かして収入を得て、生活を立て直してもらうための支援を行っています。

APEXが協力する、燃料がとれる植物の栽培のようす。

写真提供：特定非営利活動法人APEX

◆特定非営利活動法人 ノマドインターナショナル

本を読みたくても手に入らない、身近に学習の場がないなど、世界には教育を受けたいと思っても、満足に教育を受けられない子どもたちがたくさんいます。そのような教育を改善するために活動しています。タイでは、小学校に図書館をつくり、図書購入の支援を、ロシアなどでは日本語教育の支援を行っています。

◆認定NPO法人 ESA アジア教育支援の会

バングラデシュとインドの紅茶農園や農村部の貧しい子どもたち約2000人（年間）が、学校へ行って勉強できるように支援しています。学校給食を出したり、教材や絵本を日本から送ったり、子どもたちが健康で楽しく勉強できるように活動しています。

◆特定非営利活動法人 幼い難民を考える会

カンボジアで、子どもたちが元気に成長できるように保育所を開き、給食や遊具をつくったり、お母さんたちの育児の相談にのったりしています。子どもたちが安心して暮らせる環境づくりを、村の人やお父さんお母さんといっしょに進めています。

カンボジアの貧しい女性が、自分でお金をかせいで生活できるように、カンボジアの伝統的な織物も教えています。

◆ネットワーク「地球村」

持続可能な社会の実現をめざして、さまざまな活動をしています。環境保護団体とともに、地球温暖化防止や森林を守る活動などをして、地球環境を守る活動を行っています。また、経済的に豊かでない国、食料が不足している国の子どもたちを援助する活動も行っています。

◆国境なき医師団

中立で公平な立場で、医療・人道援助活動を行います。1971年に設立し、1992年には日本事務局が発足しました。紛争や災害の被害にあった人や、貧困などさまざまな理由で保健医療を受けられない人々などの支援をしています。

こうした活動が、高く評価され、1999年には、ノーベル平和賞を受賞しました。

国境なき医師団の活動。衛生状態の悪い難民に対して、病気やけがを治す活動をする。

写真提供：国境なき医師団日本

4 平和を守るための日本の活動は？

日本のPKO活動

紛争が起こっている地域や、紛争が終わって間もない地域の平和を守る活動をする国連の活動を、平和維持活動（PKO）と言います。日本も国際社会の一員として、PKOに協力するべきだという意見は以前からありました。しかし、自衛隊が海外に出かけていくのは憲法違反ではないかという考えもあり、なかなかPKOに協力することができませんでした。

1992年の国際平和協力法（PKO法）で、国連の平和維持活動や、紛争や災害による被害を受けた一般の市民に対する救助について、国際社会の一員として協力していこうという方針が定められました。

政府開発援助（ODA）

先進国が発展途上国（まだ貧しく、これから発展しようとしている国）に対して、その国の経済や社会の発展のために、資金や技術の援助をしています。これを、政府開発援助（ODA）と言います。

発展途上国での紛争の原因の1つとして、経済や社会が不安定であることが挙げられます。そのため、政府開発援助は、広い意味で、平和を守るための活動と言ってよいでしょう。

この資金は、相手の国の人たちが、新しい仕事を始めたりすることに使われるのですが、資金をじょうずに使えなかったり、その後の技術面などの育成がじゅうぶんでなかったりして、せっかくの援助が成果を上げていないという問題もあります。

さらに、こうした事業が、その国の環境を破壊したり、公害の原因になったりして問題とされることもあります。

青年海外協力隊などの活動

発展途上国に対する技術面での援助の1つに、青年海外協力隊を送ることがあります。農林水産業や工業、建築などの産業分野で技術指導を行うほか、教育やスポーツなどはば広い分野での指導も行います。青年海外協力隊は、政府にこの仕事をたのまれた国際協力機構（JICA）から派遣されるもので、アジアやアフリカの国々を中心に、2年間、現地の人々と、生活や仕事をともにし、その国の発展に協力します。

このほか、社会経験が豊富な人が、海外で自分の技術などを生かすシニア海外ボランティア派遣も行われています。40〜69歳で、自分の持っている技術や知識、経験を発展途上国の人のために生かしたいという人を国際協力機構が募集し、原則として2年間、各国に派遣しています。

日本は、世界の平和を守るためのさまざまな活動を行っています。発展途上国に対して、資金を援助したり、自衛隊などを派遣して、その国のために働くなどの活動をしています。

日本の、平和を守る活動

■ PKO（平和維持活動）

紛争が起こっている地域や、紛争が終わって間もない地域の平和を守る国連の活動。日本は、カンボジア、モザンビーク、東ティモールなどでのPKOのほか、ルワンダ難民の救援活動などに参加した。

■ ODA（政府開発援助）

先進国が発展途上国に対して、その国の経済や社会の発展のために、資金や技術の援助をすること。資金面での援助については、日本は、1991〜2000年の10年にわたって世界一の金額の援助を行い、その後も、第2位となっている。

■ 青年海外協力隊

政府からこの仕事をたのまれた国際協力機構（JICA）から派遣されるもので、アジアやアフリカの国々を中心に、2年間、その国の発展に協力する。農林水産業、工業、建築などの産業分野で技術指導、教育やスポーツなど分野ははば広い。

技術の指導をする青年海外協力隊。

写真提供：今村健志朗/JICA

日本のODA

発展途上国の経済や社会がのびていくように、資金や技術の援助をするのが、政府開発援助（ODA）です。ODAは、相手国での道路や橋などの建設、そのために人をやとったりする費用などに使われます。

日本は、世界でもたくさんのODAを出している国です。発展途上国にとって、どのようにお金が使われることが望ましいのかを考え、本当に役に立つ援助をしていかなければなりません。

各国のODA
2014年

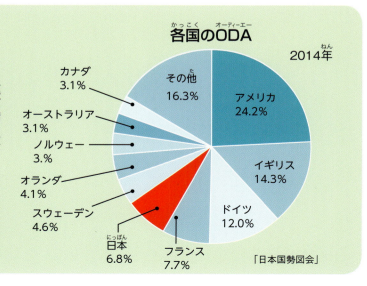

- アメリカ 24.2%
- イギリス 14.3%
- ドイツ 12.0%
- フランス 7.7%
- 日本 6.8%
- スウェーデン 4.6%
- オランダ 4.1%
- ノルウェー 3.%
- オーストラリア 3.1%
- カナダ 3.1%
- その他 16.3%

「日本国勢図会」

第3章 平和を守るための活動について考えよう

難民のための活動

「難民を助ける会」に聞く

日本にあるNGOの1つ、「難民を助ける会」（AAR Japan）は、難民のための援助を中心に活動を行っています。どんな活動をしているか、お話を聞いてみました。

――「難民を助ける会」が設立されたきっかけは何ですか。

1975年にベトナム戦争が終わると、インドシナ半島から、難民としてにげ出す人が現れました。かれらはボートピープルと呼ばれ、日本にも大勢がやってきました。1979年、設立者の相馬雪香さんは、当時67歳でしたが、「日本は難民に冷たい」と海外から言われたことに対し、「日本人の善意を示そう」と、「インドシナ難民を助ける会」として設立しました。

――その後、どんな活動を行ってきましたか。

1984年に、インドシナだけでなくアフリカにも支援を始めたことから、現在の「難民を助ける会（AAR Japan）」という名前に変えました。災害や紛争が起こった際の緊急支援、障がい者のための職業訓練や災害時支援、地雷などの被害にあわないための教育や被害者支援、エイズやマラリアなどの感染症対策、国際理解教育など、社会に向けた提言や発信を柱とした活動をしてきました。これまでに、60をこえる国・地域で支援をしています。

シリア難民に対しては、となりのトルコににげている人たちにトルコ語の教室を開いたり、おたがいに理解が進むよう、料理教室を開催するなどの活動をしています。

――政府などが行う支援とはどのようなちがいがありますか。

災害時に政府や役所がする支援は、だれにも公平であることが求められます。しかし、例えば救援物資を取りに行きたくても、体が不自由であったりして、行けない人がいます。支援からぬけ落ちてしまう人がいるのです。私たちは、民間の団体という立場で、個々の事情にあった支援をすることをめざしています。

また、決定が早くできるので、すばやい支援ができるとも思っています。

――政府や国際機関とは、どのように協力していますか。

それぞれの立場から情報交換をして、同じ支援が重ならないことを心がけています。国際機関から資金を出してもらって活動を託されることもありますが、パートナーという位置づけで行っています。支援の現場の安全などに関する情報を提供してもらうこともあります。

資金面では、公的機関からの補助もありますが、できるだけ多くの方の支えで活動していくことが大切だと考えるので、半分くらいは寄付

ケニアで、かんばつによる被害にあった人たちの支援活動のよう。右は「難民を助ける会」の名取郁子さん。

サイクロンの被害を受けたバヌアツの人々を支援する活動のようす。

大地震におそわれたハイチでは、子どもたちに衛生についての教育をした。

ソマリアの難民の子どもたちと「難民を助ける会」の人たち。支援活動は、相手国の政府や役所、現地の人々との協力が欠かせない。

でまかなえるようにしたいと思っています。

——　NGOとしての運営面では、どのような苦労がありますか。

　海外での活動では、安全管理をしっかりしなくてはなりません。まったく知らない国に行って活動することもありますから、相手の国の文化を知り、政府や役所、地域の人たちに、私たちや私たちの活動を理解してもらうようにしています。

　資金面では、ニュースなどで取り上げられた時でないと、なかなか寄付が集まらないというのが実状です。シリア難民のことがテレビなどで取り上げられると、一時的に寄付が集まるのですが、話題に上がらなくなると集まりません。本当は、話題になった後のほうがお金が必要なのですが…。

——　平和のために、子どもにもできることはどんなことでしょうか？

　見かけや考え方のちがう人を線引きすることなく、理解する力をつけてほしいと思います。まず正しく知り、調べてみてください。そして、

トルコににげてきたシリア難民の支援活動。

自分の意見を持ってください。また、知ったことを発信し、みんなに広めていってほしいです。

　具体的にできることもたくさんあります。使わない本や切手などを寄付すれば、困っている人を助けることに役立てられます。また、チョコレートなど、商品を買うことで、支援につながるものもあります。どうせ買うものであれば、支援につながるものを選ぶようにするのもよいでしょう。

　「困った時はおたがいさま」という気持ちで、世界の困っている人たちのことを考えてほしいと思います。

特定非営利活動法人　難民を助ける会連絡先
電話：03-5423-4511
URL：http://www.aarjapan.gr.jp/

写真提供：特定非営利活動法人　難民を助ける会

第3章　平和を守るための活動について考えよう

5 平和を守るためにできることは？

平和について考えよう

世界で起こっているさまざまな紛争や、平和を守るための努力について考えてきました。私たちが平和に過ごしていることがあたり前のことではないと、わかったのではないでしょうか。

平和がどんなに大切なことかもわかったでしょう。その大切な平和を守るために、また、現在紛争が起こっている地域に平和を取りもどすために、たくさんの人々が力をつくしていることもわかりました。

平和を守っていくことは簡単なことではないのです。たくさんの人の努力によって、やっと守られていると言ってもいいでしょう。では、大切な平和を守るために、私たちができることはどんなことでしょう。

大事なのは、ふだんから平和について考えていくことです。平和な国の中にいると、かえってそのことに気づかないものです。でも、世界のさまざまな地域では、平和ではないところもたくさんあることを知ることは大切です。

新聞やテレビ、だれかの話などで、戦争や紛争のこと、難民のことなどを見聞きすることがあるでしょう。難しくてよくわからないからと、目や耳をふさがないでください。10のうち1つでもいいのです。どこで紛争が起こっているのか、どんな問題があるのか、なぜその問題が起こったのか、少しでも関心を持って、そのできごとに接することができれば、あなたも、平和について考えていると言えるのです。

私たちにできることは何？

平和を守るために活やくしている人はたくさんいます。その運動の中には、私たちでもできることが少なくありません。使用済みの切手やテレホンカードを集めてお金に変えれば、薬がなくて死んでしまう赤ちゃんを助けることもできるかもしれません。紛争のために、ノートも鉛筆もなくて困っている国の小学生に役立てることができるかもしれません。

ひとりでできることもあるでしょう。でも、ひとりが2人、3人となれば、できることもそれだけ増えるはずです。地域や学校のみんなと力を合わせてやれば、もっともっとできることが増えていきます。

あなたの周りで、こうした活動をしている人はいませんか。もしいれば、何ができるか聞いてみましょう。先生やおうちの人に聞いてもいいでしょう。あなたの住んでいる地域には、NPOやNGOなど、平和を守るための組織が、近くにあるかもしれません。インターネットのホームページなどで、どんな活動をしているか調べてみるのもよいでしょう。そして、自分にできることがあるか、調べてみましょう。

平和について考えよう

平和を守るためには、直接行動することが必要な場合もありますが、私たちが、ふだんから平和について考えることも大切です。

平和って、何だろう？

紛争が起こったのはなぜだろう。

紛争を解決するにはどうしたらいいのかなあ？

みんなが平和に暮らすにはどうしたらいいのかなあ。

私たちにできること

ほんのわずかな行動でも、平和を守るために役立つことがあります。本やインターネットなどで、できることはないか、探してみましょう。

使えなくなった年賀はがきや、書き損じてしまったはがきをまとめて送ると、お金に変えて援助のために役立ててくれる団体があります。アルミ缶や使用済み切手などはお金に変えて、ボランティア活動に役立てられます。使わない衣類や文房具などを、難民など必要な人たちに送っている団体もあります。

本やインターネットで、どんな団体があるのか、また、それぞれどんな活動を行っているのか、調べた上で、自分に何ができるのかを考えてみましょう。

● 品物を集めて、ボランティア活動に役立てているさまざまな団体があります。

集めると援助に役立てられるもの
- ハイウェイカードなど各種プリペイドカード
- 使用済みテレホンカード
- 書き損じはがき
- 牛乳パック ● ベルマーク ● 外国のコイン
- 中古衣料 ● 使用済み切手
- アルミ缶 ● 文房具　ほか

第3章　平和を守るための活動について考えよう

資料館で考えよう

戦争の悲劇や体験をテーマにした資料館で、平和について考えてみましょう。
ホームページを見てもいいですね。

◆長崎原爆資料館

第二次世界大戦の末期、1945年8月9日、長崎に原子爆弾が落とされました。数千度の熱線、すさまじい爆風や放射線が地上におそいかかり、7万4000人もの生命をうばい、7万5000人もの人々を傷つけました。かろうじて生き残った人々も、心と体に大きな痛手を受け、現在でも多くの被爆者が苦しんでいます。この資料館は、当時のようすや、現代の核兵器に関する情報などについてわかりやすく展示し、核兵器をなくし、世界の平和実現に向けて貢献するために建てられたものです。

浦上天主堂の側壁の再現造型

所在地●長崎県長崎市平野町7-8
電　話●095-844-1231
ＵＲＬ●http://www.nagasakipeace.jp/

◆平和祈念展示資料館

第二次世界大戦では、言葉では言いあらわせないほどの苦労をした人々がいました。この資料館では、兵士、戦後強制抑留者、海外からの引揚者の苦しくつらい体験を紹介しています。兵士とは、国のために家族を残し、危険な戦地に向かい、命をかけて戦った人、戦後強制抑留者は、戦争が終わったにもかかわらず、旧ソ連などの寒さが厳しい地域で、わずかな食べ物でつらい仕事をさせられた人、海外からの引揚者とは、敗戦で生活のすべてをなくし、必死の思いで日本にもどってきた人のことです。

抑留コーナー。

所在地●東京都新宿区西新宿2-6-1
　　　　新宿住友ビル48階
電　話●03-5323-8709
ＵＲＬ●http://www.heiwakinen.jp

◆財団法人原爆の図丸木美術館

　丸木位里、俊夫妻は、原爆が落とされた直後の広島で見た地獄のような光景を「原爆の図」としてえがきました。また、「南京大虐殺」など、戦争が引き起こす悲劇をえがきました。この美術館は、それらの絵画を展示するために設立されました。設立以来ずっと、平和へのメッセージを発信し続けています。

所在地●埼玉県東松山市下唐子1401
電　話●0493-22-3266
URL●http://www.aya.or.jp/~marukimsn

「原爆の図」が展示されているコーナー。

◆広島平和記念資料館

　1945年8月6日、初めての原子爆弾が広島に落とされ、街は一瞬にして焼きつくされ、多くの人々の生命がうばわれました。
　被爆前と被爆後の広島の「広島のあゆみ」や被爆者の遺品、被害のようすを示す写真などを展示しています。原爆による悲劇と、世界平和へのメッセージを伝え続けています。

所在地●広島県広島市中区中島町1-2
電　話●082-241-4004
URL●http://www.pcf.city.hiroshima.jp/

館内の展示　　　　　　写真／広島平和記念資料館

第3章

第3章 のまとめ

　世界の平和を守ることは、とても重要なことです。何もしないでは、平和が守られないことも多いので、多くの人々が、さまざまな活動を通じて、平和を守る努力を続けています。
　国際連合は、世界のほとんどの国がつくっている機関です。国際連合には、安全保障理事会など、平和を守るしくみがあります。
　そのほか、政府やNPO（非営利団体）、NGO（非政府団体）なども、平和のための活動をしています。
　平和を守るには、私たちひとりひとりにできることもあります。
　世界の紛争について、いろいろな情報を知り、平和について考えることもそのひとつです。私たちの行動や理解が、世界の平和を支えることにつながっているのです。

平和を守るための活動について考えよう

さくいん

あ
I CBL（アイシービーエル）……44
アフガニスタン内戦（ないせん）……7
APEX（アペックス）……46
アムネスティ・インターナショナル日本（にっぽん）……46
アラブ……8
安全保障関連法（あんぜんほしょうかんれんほう）……30
安全保障理事会（あんぜんほしょうりじかい）……36〜39
イエメン内戦（ないせん）……6
イギリス……10
イスラエル……8
イスラム教（きょう）……8、9
イスラム国（こく）……6
イラク……10
イラク戦争（せんそう）……6、22、32
イラン……19
ウクライナ危機（きき）……7
NGO（エヌジーオー）……44〜46
NPO（エヌピーオー）……44、45
ODA（オーディーエー）……48、49
緒方貞子（おがたさだこ）……42、43

か
海上自衛隊（かいじょうじえいたい）……28
核拡散防止条約（かくかくさんぼうしじょうやく）……19
核兵器（かくへいき）……12、26
カストロ……14
韓国（かんこく）……14
カンボジア……22
北大西洋条約機構（きたたいせいようじょうやくきこう）……14
北朝鮮（きたちょうせん）……14
キューバ……14、15
キューバ危機（きき）……14、15
拒否権（きょひけん）……38、39
キリスト教（きょう）……9
緊急特別総会（きんきゅうとくべつそうかい）……38、39
クウェート……10
グラスノスチ……16、17
クルド人（じん）……9
クルド人独立運動（じんどくりつうんどう）……7
経済社会理事会（けいざいしゃかいりじかい）……36、37
経済制裁（けいざいせいさい）……38
警察予備隊（けいさつよびたい）……28、29
原子爆弾（げんしばくだん）……12、26、36
憲法（けんぽう）……24
航空自衛隊（こうくうじえいたい）……28
交戦権（こうせんけん）……26、27
国際協力機構（こくさいきょうりょくきこう）……48
国際緊急援助活動（こくさいきんきゅうえんじょかつどう）……33
国際司法裁判所（こくさいしほうさいばんしょ）……36、37
国際通貨基金（こくさいつうかききん）……36
国際紛争（こくさいふんそう）……4、8
国際平和協力法（こくさいへいわきょうりょくほう）……34、48
国際法（こくさいほう）……28
国際連合（こくさいれんごう）……12、36、37
国連NGO（こくれんエヌジーオー）……44
国連休戦監視機構（こくれんきゅうせんかんしきこう）……40
国連教育科学文化機関（こくれんきょういくかがくぶんかきかん）……36
国連児童基金（こくれんじどうききん）……36
国連難民高等弁務官（こくれんなんみんこうとうべんむかん）……42
国連難民高等弁務官事務所（こくれんなんみんこうとうべんむかんじむしょ）……42
国連平和維持活動（こくれんへいわいじかつどう）……33
国連予防展開隊（こくれんよぼうてんかいたい）……40
国際労働機関（こくさいろうどうきかん）……36
コソボ自治州（じちしゅう）……10
国境なき医師団（こっきょうなきいしだん）……47
個別的自衛権（こべつてきじえいけん）……30、31

さ
ゴルバチョフ……16〜18
サンフランシスコ講和条約（こうわじょうやく）……30
CIS（シーアイエス）……18
CTBT（シーティービーティー）……18
自衛隊（じえいたい）……28、29、32〜35
シニア海外ボランティア（かいがい）……48
JICA（ジャイカ）……48
集団的自衛権（しゅうだんてきじえいけん）……30、31
少数民族（しょうすうみんぞく）……8
常任理事国（じょうにんりじこく）……38、39
地雷禁止国際キャンペーン（じらいきんしこくさい）……44
シリア……21
シリア内戦（ないせん）……6
信託統治理事会（しんたくとうちりじかい）……36、37
水素爆弾（すいそばくだん）……12、26
START II（スタートツー）……18
START I（スタートワン）……18
スーダン……6
青年海外協力隊（せいねんかいがいきょうりょくたい）……48、49
政府開発援助（せいふかいはつえんじょ）……48、49
世界三大宗教（せかいさんだいしゅうきょう）……9
尖閣諸島（せんかくしょとう）……10、11
尖閣諸島領有紛争（せんかくしょとうりょうゆうふんそう）……7
宣戦布告（せんせんふこく）……4、5
戦争（せんそう）……4、5、20、23
戦争の放棄（せんそうのほうき）……24、27
戦力（せんりょく）……26〜28
総会（そうかい）……37、38
総長（そうちょう）……38
ソマリア内戦（ないせん）……6
ソ連（れん）……16、19

た
第一次世界大戦（だいいちじせかいたいせん）……36
第1次戦略兵器削減条約（だいいちじせんりゃくへいきさくげんじょうやく）……18
大韓民国（だいかんみんこく）……14
対人地雷禁止条約（たいじんじらいきんしじょうやく）……44
第二次世界大戦（だいにじせかいたいせん）……36
第2次戦略兵器削減条約（だいにじせんりゃくへいきさくげんじょうやく）……18
大日本帝国憲法（だいにっぽんていこくけんぽう）……24
竹島（たけしま）……10、11
WWFジャパン（ダブリュダブリュエフ）……46
チェチェン独立（どくりつ）……10
チェチェン独立運動（どくりつうんどう）……7
チベット独立運動（どくりつうんどう）……7
チベット民族（みんぞく）……9
中華人民共和国（ちゅうかじんみんきょうわこく）……16
中国・台湾の紛争（ちゅうごく・たいわんのふんそう）……7
朝鮮戦争（ちょうせんせんそう）……14
朝鮮半島（ちょうせんはんとう）……15
朝鮮民主主義人民共和国（ちょうせんみんしゅしゅぎじんみんきょうわこく）……14
朝鮮民族（ちょうせんみんぞく）……9
通常総会（つうじょうそうかい）……38、39
冷たい戦争（つめたいせんそう）……12
停戦監視団（ていせんかんしだん）……41
ドイツ……12、13
ドイツの統一（とういつ）……17
特別総会（とくべつそうかい）……38、39
独立国家共同体（どくりつこっかきょうどうたい）……18、19

な
ナイジェリア……6
内戦（ないせん）……5
長崎原爆資料館（ながさきげんばくしりょうかん）……54
NATO（ナトー）……14
難民（なんみん）……20、42、43、50

は（な column continued）
難民キャンプ（なんみん）……20
難民を助ける会（なんみんをたすけるかい）……50
ニカラグア内戦（ないせん）……7
西側（にしがわ）……12
日米安全保障条約（にちべいあんぜんほしょうじょうやく）……30、31
日本自然保護協会（にっぽんしぜんほごきょうかい）……46
日本国憲法（にっぽんこくけんぽう）……24、25
日本国憲法第9条（にっぽんこくけんぽうだい じょう）……27
ネットワーク「地球村」（ちきゅうむら）……47
ノマドインターナショナル……47

は
パレスチナ紛争（ふんそう）……6
PKF（ピーケイエフ）……40
PKO（ピーケイオー）……33、34、40、41、48、49
PKO法（ピーケイオーほう）……34、48
非営利組織（ひえいりそしき）……44、45
非核三原則（ひかくさんげんそく）……26
東側（ひがしがわ）……12
東ティモール独立運動（どくりつうんどう）……7
東ヨーロッパ相互援助条約（ひがしそうごえんじょじょうやく）……14
非常任理事国（ひじょうにんりじこく）……38、39
非政府組織（ひせいふそしき）……44
広島平和記念資料館（ひろしまへいわきねんしりょうかん）……55
フォークランド諸島（しょとう）……10
仏教（ぶっきょう）……9
フツ族（ぞく）……9
不発弾（ふはつだん）……22
武力（ぶりょく）……4
紛争（ふんそう）……4、5、11、20、23
平和（へいわ）……4、52
平和維持活動（へいわいじかつどう）……34、40、41、43、48、49
平和維持軍（へいわいじぐん）……40、41
平和祈念展示資料館（へいわきねんてんじしりょうかん）……54
平和主義（へいわしゅぎ）……24
ベトナム……14、15
ベトナム戦争（せんそう）……14、15、22
ベルリン……12、13
ベルリンの壁（かべ）……13、16、17
ペレストロイカ……16、17
保安隊（ほあんたい）……28、29
包括的核実験禁止条約（ほうかつてきかくじっけんきんしじょうやく）……18
北方領土（ほっぽうりょうど）……10、11

ま
南シナ海領有紛争（みなみシナかいりょうゆうふんそう）……7
民主主義（みんしゅしゅぎ）……24
民族（みんぞく）……8、9

や
UNHCR（ユーエヌエイチシーアール）……42
UNTSO（ユーエヌティーエスオー）……40
UNPREDEP（ユーエヌプレデップ）……40
ユダヤ教（きょう）……8
ユニセフ……36
ユネスコ……36

ら
陸上自衛隊（りくじょうじえいたい）……28
リビア……6
領土（りょうど）……10
領土問題（りょうどもんだい）……11
冷戦（れいせん）……12、16、18
レーガン……17
連合国（れんごうこく）……12

わ
ワルシャワ条約機構（じょうやくきこう）……14、18
湾岸戦争（わんがんせんそう）……6、10、22、32

56

●改訂版！はてな？なぜかしら？国際問題 〈全3巻〉

監修　池上彰

1950年、長野県生まれ。大学卒業後、NHKに記者として入局する。社会部などで活躍し、事件、災害、消費者問題などを担当し、教育問題やエイズ問題のNHK特集にもたずさわる。1994年4月からは、「週刊こどもニュース」のおとうさん役兼編集長を務め、わかりやすい解説で人気となった。2012年から東京工業大学教授。
おもな著書に、『一気にわかる！池上彰の世界情勢 2016』（毎日新聞出版）、『池上彰の世界の見方』（小学館）、『大世界史』（文藝春秋）、『池上彰の戦争を考える』（KADOKAWA）がある。

●編集協力
　有限会社大悠社

●表紙デザイン・アートディレクション
　京田クリエーション

●本文デザイン
　木村ミユキ

●イラスト
　川下隆
　大石容子
　すぎうらあきら

●図版
　アトリエ・プラン

●表紙写真
　朝雲新聞／時事通信フォト、時事

●参考資料
『アメリカ、ロシア、中国、イスラム圏を知れば　この複雑な世界が手に取るようにわかる』惠谷治（ダイヤモンド社）
『海外で恥をかかない世界の新常識』池上彰（ホーム社）
『現代用語の基礎知識』（自由国民社）
『現代用語の基礎知識／学習版　2015→2016』（自由国民社）
『世界最新紛争地図』（宝島社）
『世界を騒がす仰天ニュース「イスラム」ココがわからない!!』中東問題研究会（すばる舎）
『大世界史』池上彰　佐藤優（文藝春秋）
『地図で読む世界史』柴宜弘・編著（実務教育出版）

改訂版！はてな？なぜかしら？国際問題
3巻　改訂版！はてな？なぜかしら？国際紛争

2016年4月1日　　初版発行

発行者　　升川秀雄
編集　　　松田幸子
発行所　　株式会社教育画劇
　　　　　〒151-0051　東京都渋谷区千駄ヶ谷5-17-15
　　　　　TEL：03-3341-3400　FAX：03-3341-8365
　　　　　http://www.kyouikugageki.co.jp
印刷・製本　大日本印刷株式会社

56P 297×210mm　NDC817 ISBN 978-4-7746-2051-0
Published by Kyouikugageki, inc., Printed in Japan
本書の無断転写・複製・転載を禁じます。乱丁、落丁本はお取り替えいたします。

改訂版！ はてな？ なぜかしら？ 国際問題シリーズ

①改訂版！ はてな？ なぜかしら？
中東問題

②改訂版！ はてな？ なぜかしら？
中国と朝鮮半島の問題

③改訂版！ はてな？ なぜかしら？
国際紛争